Ann-Katrin Remmers

EISENMANGEL
KOCHBUCH

WirmachenDruck.de
Sie sparen, wir drucken!

Email: info@edition-lunerion.de
www.edition-lunerion.de

Psiana eCom UG
Berumer Str. 44
26844 Jemgum

Vorwort

Sind Sie manchmal ein wenig blass um die Nase und wissen, dass es Ihrem Körper an Eisen mangelt? Nahrungsergänzungsmittel schlucken ist aber nicht Ihr Ding? Und eigentlich müsste sich das Problem doch auch über die Ernährung regeln lassen? Das ist richtig – und mit den eisenreichen Schlemmereien in diesem Kochbuch absolut kein Hexenwerk! Blut, der Saft des Lebens, kann ohne Eisen nicht gebildet werden, kein Wunder also, dass ein Mangel zu erheblichen Störungen des Wohlbefindens führt: Mit Blässe, Müdigkeit, Schwindel, Kurzatmigkeit oder brüchigen Nägeln zeigt der Körper, dass ihm Eisen fehlt – und zum Glück können Sie ihm ganz einfach bieten, was er braucht! Denn die köstliche Rezeptvielfalt in diesem Buch präsentiert Ihnen Rezepte, die nicht nur reich an dem begehrten Stoff sind, sondern dank gezielt kombinierter Nährstoffe auch die Aufnahme im Körper optimieren. Ob Veggie, Fleischfan oder Fischliebhaber, hier finden Sie reichlich Auswahl für jeden Geschmack und entdecken von Vorspeisen über Hauptgerichte bis hin zu Desserts wahre Eisenbomben mit Schlemmer-Faktor.

Guten Appetit!

INHALT

Wissenswertes

Eisenmangel ist weit verbreitet in unserer Gesellschaft und für bis zu 80 Prozent der Anämien in unserem Körper verantwortlich. Durch Studien konnte herausgefunden werden, dass in ganz Europa fünf bis zehn Prozent der gesamten Bevölkerung an Eisenmangel leiden. Bei Frauen im gebärfähigen Alter liegt der Anteil sogar bei circa 20 Prozent. Tatsächlich sind Frauen, und auch Kinder, besonders häufig von Eisenmangel betroffen. Auch häufig an Eisenmangel leidend sind Hochleistungssportler, Veganer oder Vegetarier.

WIE KOMMT ES ZUM EISENMANGEL?

Einfach erklärt kommt es zum Eisenmangel, wenn der Körper mehr Eisen verlangt, als er bekommt. Häufig ist ein chronischer Blutverlust dafür die Ursache. Mit jeweils zwei Millilitern Blut geht ein Milligramm Eisen verloren. Weitere Ursachen können eine gestörte Eisenaufnahme oder eine nicht ausreichende Zufuhr durch die Nahrung sein.

Chronischer Blutverlust

Zu den häufigsten Ursachen eines chronischen Blutverlustes gehören Blutungen im Magen-Darm-Trakt bei Männern und bei Frauen nach den Wechseljahren. Sie können sich durch eine Gastritis, Geschwüre oder auch Hämorrhoiden entwickeln. Aber auch Krebs im Magen-Darm-Trakt kann zu solchen Blutungen führen. Leiden Sie nach einem Auslandsaufenthalt an einer Eisenmangelanämie, sollten Sie sich auch auf Parasiten untersuchen lassen.

Auch Blutungen der Geschlechtsorgane oder in den Harnwegen können zu Eisenmangel führen. Bei jungen Frauen ist vor allem die Menstruation häufig ein Grund. 15 Prozent der Frauen leiden an einer verstärkten Menstruation und sind deswegen noch mehr gefährdet, zu wenig Eisen zur Verfügung zu haben. Aber auch Wucherungen in der Gebärmutter oder Krebs können zu starken Blutungen führen.

Weitere Gründe sind Dialyse, ein Blutverlust über die Atemwege, chronisches Nasen- oder Zahnfleischbluten und auch Blutverlust durch übermäßige Blutspende oder Operationen.

Eine geringe Eisenzufuhr

Durch eine zu einseitige, fleischfreie Kost kann es passieren, dass Sie zu wenig Eisen aufnehmen. Auch andere einseitige Diäten kommen mit diesem Risiko einher. Betroffen davon sind vor allem Kleinkinder, Säuglinge, Vegetarier, Alkoholiker und Menschen mit Essstörungen.

Eine gestörte Eisenaufnahme

Auch wenn Sie richtig essen, kann es sein, dass Ihr Körper das Eisen nicht genügend aufnehmen kann. Das kann durch chronisch-entzündliche Darmerkrankungen oder eine Gastritis passieren. Auch eine Magenteilresektion kann dazu führen, dass Ihr Körper nicht mehr ausreichend Eisen aufnehmen kann. Tatsächlich kann sogar ein zu starker Konsum von Kaffee, schwarzem Tee oder Rhabarber die Aufnahme von Eisen behindern.

WAS SIND DIE SYMPTOME?

Typische und häufige Symptome eines Eisenmangels sind:

- Müdigkeit
- Blässe
- Schwindel
- Kurzatmigkeit, vor allem bei Belastung
- Ein Schwächegefühl mit Leistungsabfall und Abgeschlagenheit
- Herzklopfen

Seltenere, aber auch auftretende Symptome sind:

- Rissige Mundwinkel
- Rissige, raue Haut
- Brüchige Nägel oder nach innen gebogene Nägel
- Sprödes, glanzloses Haar
- Ungewöhnliche Essensgelüste (zum Beispiel nach Erde)
- Zungenbrennen und Schmerzen beim Schlucken

WAS HILFT GEGEN EISENMANGEL?

Ist der Eisenmangel schon so weit fortgeschritten, dass eine Eisenmangelanämie vorliegt, sollten Sie sich von Ihrem Arzt beraten lassen. Denn hier muss eine Behandlung mit Tabletten erfolgen, die ärztlich begleitet wird. Haben Sie einen Eisenmangel durch falsche Ernährung, sollten Sie diese umstellen, damit Sie ausreichend Eisen aufnehmen. Besonders eisenhaltig sind:

- Nüsse
- Fisch
- Fleisch

Geringere, aber immer noch hohe Mengen an Eisen enthalten:

- Hülsenfrüchte
- Getreide
- Eier
- Milch

Das Eisen, das in Fleisch enthalten ist, lässt sich von unserem Körper besonders gut verarbeiten. Pflanzliches Eisen lässt sich hingegen schlechter verwerten.

WIE VIEL EISEN BRAUCHEN WIR?

Eisen nehmen wir grundsätzlich mit der Nahrung auf. Um den Bedarf zu decken, ist eine ausgewogene Ernährung meist ausreichend. Leben Sie vegetarisch oder vegan, sollten Sie auf eisenreiche pflanzliche Lebensmittel setzen. Eine solch ausgewogene Ernährung enthält im Durchschnitt 10 bis 15 Milligramm Eisen pro Tag. Doch unser Körper kann nur bis zu zehn Prozent des Eisens aus der Nahrung überhaupt aufnehmen und verarbeiten. Der Rest wird wieder ausgeschieden. Wie viel Eisen unser Körper verliert und dadurch ersetzen muss, hängt ganz von Geschlecht und Alter ab. So verlieren menstruierende Frauen pro Tag etwa drei Milligramm Eisen. Frauen nach den Wechseljahren und Männer verlieren hingegen nur ein drittel Milligramm Eisen. Daher wird als tägliche Eisenaufnahme von der Deutschen Gesellschaft für Ernährung empfohlen:

- **Männer ab 19 Jahren und Frauen nach den Wechseljahren:** 10 Milligramm Eisen pro Tag
- **Mädchen ab 10 Jahren und menstruierende Frauen:** 15 Milligramm Eisen pro Tag
- **Schwangere:** 30 Milligramm Eisen pro Tag
- **Stillende:** 20 Milligramm Eisen pro Tag

WAS FÖRDERT DIE EISENAUFNAHME?

Wenn Sie viel oder vielleicht auch nur pflanzliche Nahrung zu sich nehmen, dann können Sie verschiedene pflanzliche Lebensmittel geschickt kombinieren, um die Eisenaufnahme zu erhöhen. Zum Beispiel hilft Vitamin C dabei, dass Ihr Körper mehr Eisen aufnehmen kann. Gute Lieferanten für Vitamin C sind zum Beispiel Orangen, rote Paprika oder Brokkoli. Ihr Körper kann sich außerdem anpassen: Wenn seine Eisenspeicher leer sind, kann er sehr viel mehr Eisen aufnehmen.

Welche Lebensmittel enthalten viel Eisen?

Eier, Wurst, Fleisch

Nahrungsmittel	Eisen in mg pro Portion
Gegarte Schweineleber	24,4
Gegarte Rinderleber	9,7
Gegarte Kalbsleber	11,3
Gegartes Schweinefleisch	3,9
Gegartes Kalbfleisch	3,1
Kochschinken	0,7
Feine Leberwurst	2,2
Salami	0,5
Hühnerei	1

Fisch und Meeresfrüchte

Nahrungsmittel	Eisen in mg pro Portion
Gegarte Miesmuscheln	3,8
Krabben	1,8
Matjeshering	1,1
Geräucherter Aal	0,5
Lachs	0,4

Getreide und Brot

Nahrungsmittel	Eisen in mg pro Portion
Sojabrot	2
Dinkelbrot	2,1
Hafervollkornbrot	1,4
Buchweizenvollkornbrot	1,7
Vollkornbrot	1
Graubrot	0,6
Getreideflocken	0,8
Haferflocken	2,7

Gemüse, Salat

Nahrungsmittel	Eisen in mg pro Portion
Gedünstete Pfifferlinge	11,6
Gedünsteter Spinat	5,5
Gedünsteter Mangold	3,6
Kichererbsen	3,3
Gedünstete, grüne Erbsen	2,5
Gedünsteter Spargel	1,3
Gegarte Rote Bete	1,2
Feldsalat	2
Grünkohl	1,9
Thymian	1
Gartenkresse	0,4
Petersilie	0,5

Obst, Nüsse

Nahrungsmittel	Eisen in mg pro Portion
Schwarze Johannisbeeren	1,6
Erdbeeren	1,6
Getrocknete Aprikosen	1,1
Getrocknete Feigen	0,8
Kiwi	1
Gegarter Rhabarber	0,6
Nektarinen	0,6
Sesam	2
Cashewkerne	3,8
Pistazien	4,4

Beilagen (Nudeln, Reis etc.)

Nahrungsmittel	Eisen in mg pro Portion
Gekochter Naturreis	2,8
Gegarte Hirse	2,1
Tofu	2,8
Gegarte Vollkornnudeln	2
Gekochter Reis	1,9
Gekochte Eiernudeln	1

Frühstück

PORRIDGE MIT URKORNFLOCKEN

2 Port. 10 Min. Leicht

Zutaten

100 g Urkornflocken
4 Datteln
2 EL Rosinen
30 g Walnüsse
1 EL Sesam
1 EL Sonnenblumenkerne
½ l Joghurt
1 Prise Zimt
150 ml Wasser

Nährwerte p. P.

289 kcal
36 g Kohlenhydrate
19 g Fett
9 g Eiweiß

1 Sonnenblumenkerne, Walnüsse und Sesam in einer Pfanne ohne Fett anrösten.

2 Die Urkornflocken mit den Kernen und Nüssen anbraten. Nach einigen Minuten mit 150 ml Wasser ablöschen und kühl werden lassen.

3 Alles mit etwas Zimt verfeinern und mit dem Joghurt vermischen.

4 Im Kühlschrank über Nacht stehen lassen und nach eigenem Geschmack mit den Datteln und Rosinen dekorieren.

EISENPOWER-FRÜHSTÜCK

1 Port. 15 Min. Mittel

Zutaten

30 g gepufftes Amaranth
200 g Sojajoghurt
1 EL geschrotete Leinsamen
4 Pekannüsse
1 Banane
1 EL Kokosflocken
3 EL Heidelbeeren
1 TL Acai-Pulver
1 TL Baobab-Pulver
1 EL Leinöl
1 EL Agavendicksaft

Nährwerte p. P.

415 kcal
61 g Kohlenhydrate
13 g Fett
13 g Eiweiß

1 Den Sojajoghurt mit Leinsamen, Amaranth, Agavendicksaft, Leinöl, Acai- und Baobab-Pulver mischen.

2 Die Pekannüsse hacken und ebenfalls mit dem Joghurt verrühren. Banane in Scheiben schneiden und die Heidelbeeren waschen.

3 Schichten Sie in einem Glas abwechselnd den Joghurt, die Heidelbeeren und die Bananenscheiben.

4 Die Kokosflocken in einer Pfanne ohne Fett anrösten und das Frühstück damit garnieren.

OVERNIGHT-OATS

1 Port. 5 Min. Leicht

Zutaten

60 g Haferflocken
150 ml pflanzliche Milch
1 TL geschrotete Leinsamen
1 TL Ahornsirup

Optional zum Untermischen:
zum Beispiel Zimt oder geriebener Apfel

Nährwerte p. P.

349 kcal
51 g Kohlenhydrate
10 g Fett
11 g Eiweiß

1 Alle Zutaten in ein Glas geben, umrühren und über Nacht (aber mindestens für zwei Stunden) im Kühlschrank quellen lassen.

2 Am nächsten Morgen im besten Fall noch etwas frisches Obst dazugeben und genießen.

HAFERFLOCKENKEKSE

3 Port. | 30 Min. | Leicht

Zutaten

160 g Haferflocken
40 g getrocknete Johannisbeeren
80 g Kürbiskerne
2 große Bananen
1 Ei

Nährwerte p. P.

443 kcal
46 g Kohlenhydrate
19 g Fett
19 g Eiweiß

1 Die Bananen schälen und mit einer Gabel zerdrücken. Die Kürbiskerne zermahlen oder grob hacken.

2 Alle Zutaten in eine Schüssel geben und miteinander verrühren. Dann mit einem Löffel den Teig in Portionen teilen und diese zu Keksen formen.

3 Die Kekse auf ein Backblech legen und für ungefähr eine Viertelstunde bei 180 Grad bei Ober-/Unterhitze backen lassen.

TOPFIT-MÜSLI

1 Port. | 10 Min. | Leicht

Zutaten

1 Banane
150 g Joghurt
1 EL Hefeflocken
1 EL Weizenkleie
3 EL Haferflocken
1 Handvoll geschnittenes Obst nach Geschmack

Nährwerte p. P.

255 kcal
12 g Kohlenhydrate
26 g Fett
8 g Eiweiß

1 Die Banane grob zerteilen und mit dem Joghurt und den Hefeflocken pürieren.

2 Das Obst waschen und in mundgerechte Stücke schneiden.

3 Joghurt mit den Früchten und den restlichen Zutaten vermengen.

OMELETT MIT TOMATEN UND FETA

4 Port. 25 Min. Leicht

Zutaten

200 g Kirschtomaten
8 Eier
125 g Feta
1 rote Zwiebel
4 EL Butter
20 g frische Petersilie
Salz, Pfeffer

Nährwerte p. P.

354 kcal
8 g Kohlenhydrate
27 g Fett
19 g Eiweiß

1 Die Tomaten waschen und würfeln. Feta würfeln. Zwiebel schälen und in Streifen schneiden. Petersilie waschen und hacken. Eier, Pfeffer und Salz in einer Schüssel verquirlen.

2 Zwei Esslöffel Butter in einer Pfanne erhitzen. Die Hälfte der Eimasse dazugeben und Petersilie, Feta und Gemüse darauf verteilen. Bei mittlerer Hitze für ungefähr fünf Minuten stocken lassen. Zusammenklappen und aus der Pfanne nehmen.

3 Mit der zweiten Hälfte der Eimasse genauso verfahren.

GEFÜLLTE OMELETTS MIT LACHS

4 Port. 30 Min. Leicht

Zutaten

8 Eier
100 g Räucherlachs
2 Snackgurken
150 g körniger Frischkäse
200 ml Milch
2 EL Butter
20 g Dill
Kräuter der Provence
Salz, Pfeffer

Nährwerte p. P.

301 kcal
4 g Kohlenhydrate
20 g Fett
25 g Eiweiß

1 Den Lachs würfeln. Dill waschen und hacken. Gurken schälen, entkernen und würfeln.

2 Gurken, Dill, Lachs und Frischkäse vermengen und mit Pfeffer und Salz abschmecken.

3 In einer Schüssel Eier mit Milch und den Kräutern verquirlen.

4 Einen Teelöffel Butter in einer Pfanne erhitzen und ein Viertel der Eimasse dazugeben. Für ungefähr fünf Minuten zugedeckt bei mittlerer Hitze braten lassen, bis die Oberseite gestockt ist. Ein Viertel der Frischkäse-Lachs-Masse darauf verteilen und das Omelett zuklappen.

5 Mit der übrigen Eimasse genauso verfahren.

ROTE-BETE-HUMMUS MIT FLADENBROT

4 Port. 15 Min. Leicht

Zutaten

265 g Kichererbsen
250 g Rote Bete (vorgegart)
1 Knoblauchzehe
1 Schalotte
1 EL Zitronensaft
3 EL Olivenöl
1 Fladenbrot
20 g frische Petersilie
Öl zum Braten
Salz, Pfeffer

Nährwerte p. P.

402 kcal
60 g Kohlenhydrate
14 g Fett
13 g Eiweiß

1 Kichererbsen abgießen. Den Rote-Bete-Saft auffangen und die Rote Bete würfeln. Knoblauch schälen und fein hacken. Die Schalotte schälen und würfeln.

2 Rote Bete mit dem Saft, den Kichererbsen, der Schalotte, dem Knoblauch, dem Zitronensaft und dem Olivenöl pürieren. Mit Pfeffer und Salz abschmecken.

3 Das Fladenbrot mit etwas Öl in einer Pfanne knusprig braten und mit Salz und Pfeffer würzen.

4 Hummus mit Petersilie garnieren und mit dem Fladenbrot servieren.

HERZHAFTE WAFFELN

42 Port. | 35 Min. | Leicht

Zutaten

6 Eier
500 ml Buttermilch
1 EL Backpulver
260 g Weizenmehl
250 g Eisbergsalat
8 Scheiben Bacon
2 Tomaten
1 EL Honig
4 EL Mayonnaise
Salz, Pfeffer
Öl zum Braten

Nährwerte p. P.

756 kcal
63 g Kohlenhydrate
46 g Fett
23 g Eiweiß

1 Das Öl, die Buttermilch und zwei Eier miteinander verrühren. Salz, Mehl und Backpulver dazugeben und zu einem glatten Teig verrühren.

2 Tomaten waschen und in Scheiben schneiden. Den Salat waschen.

3 Ein Waffeleisen vorheizen und einölen. Eine Kelle Teig in das Eisen geben und für zwei bis drei Minuten backen lassen. Mit dem restlichen Teig so verfahren.

4 Eine Pfanne ohne Fett erhitzen und den Bacon darin knusprig anbraten. Mit einem Esslöffel Honig beträufeln.

5 In derselben Pfanne nun die restlichen Eier aufschlagen und für vier Minuten zu Spiegeleiern brutzeln lassen. Mit Pfeffer und Salz würzen.

6 Die fertigen Waffeln mit der Mayonnaise bestreichen. Mit Bacon, Salat, Tomaten und Spiegelei belegen. Mit einer weiteren Waffel bedecken.

Salate

FARBIGER BUCHWEIZENSALAT

4 Port. | 30 Min. | Leicht

Zutaten

150 g Avocado
150 g Buchweizen
150 g Paprika
150 g Gurke
150 g Spinat
150 g Feta
1 Apfel
40 g geröstete Sesamsamen
80 g getrocknete Tomaten
1 Bündel Pfefferminze
2 EL Zitronensaft
3 EL Rapsöl
Salz, Pfeffer

Nährwerte p. P.

466 kcal
41 g Kohlenhydrate
24 g Fett
16 g Eiweiß

1 Den Buchweizen in Wasser für zehn Minuten kochen lassen, abtropfen und dann abkühlen lassen.

2 Das Gemüse, die Avocado, den Apfel und den Feta in Würfel schneiden. Die getrockneten Tomaten in kleine Stücke schneiden.

3 Buchweizen und zerschnittene Zutaten in eine Schüssel geben und mit Zitronensaft, Öl, Pfeffer und Salz würzen.

4 Den Sesam in einer Pfanne ohne Öl anrösten und dann abkühlen lassen.

5 Die Pfefferminzblätter in Streifen schneiden. Spinat gründlich waschen und abtrocknen.

6 Die übrigen Zutaten über den Salat streuen und servieren.

WINTERSALAT

2 Port. | 50 Min. | Leicht

Zutaten

250 g Kürbis
80 g Hirse
1 Knolle Rote Bete
200 g Tofu
3 Handvoll Spinat
25 g Pekannüsse
3 EL Granatapfelkerne
1 Knoblauchzehe
1 Schalotte
5 EL Olivenöl
2 EL Orangensaft
1 EL Ahornsirup
Saft einer halben Limette
Salz, Pfeffer
Chiliflocken

Nährwerte p. P.

477 kcal
41 g Kohlenhydrate
24 g Fett
21 g Eiweiß

1 Den Ofen auf 220 Grad Ober-/Unterhitze vorheizen.

2 Währenddessen den Kürbis und die Rote Bete in dünne Scheiben schneiden. Beides auf ein Backblech mit Backpapier legen und mit zwei Esslöffeln Olivenöl beträufeln. Mit Pfeffer, Salz und Chiliflocken würzen und für ungefähr eine halbe Stunde backen lassen.

3 Währenddessen die Hirse nach Packungsanleitung zubereiten.

4 Orangensaft, Ahornsirup und zwei Esslöffel Olivenöl zu einem Dressing anrühren. Mit dem Limettensaft abschmecken.

5 Knoblauch und Schalotte schälen, würfeln und kurz mit dem restlichen Olivenöl anbraten. Den Tofu würfeln und mit in die Pfanne geben. Knusprig anbraten.

6 Den Granatapfel entkernen und die Nüsse knacken, wenn nötig.

7 Zum Schluss den Spinat waschen und mit den restlichen Zutaten vermengen. Das Dressing unterheben und mit den Pekannüssen garnieren.

GEMÜSENUDEL-SALAT

4 Port. | 25 Min. | Leicht

Zutaten

150 g Rotkohl
3 Möhren
1 Zucchini
1 Mango
2 Stangen Staudensellerie
1 Apfel
2 Paprika
2 Avocados
2 Limetten
200 g Eisbergsalat
15 g Sesamsamen
4 EL Olivenöl
1 Prise Kreuzkümmel
1 Prise Chiliflocken
Salz, Pfeffer

Nährwerte p. P.

465 kcal
46 g Kohlenhydrate
26 g Fett
9 g Eiweiß

1 Den Rotkohl waschen und in feine Streifen schneiden. Die Mango schälen, das Fruchtfleisch vom Kern entfernen und in Streifen schneiden.

2 Die Möhren und die Zucchini schälen und mit einem Spiralschneider zu Gemüsenudeln verarbeiten.

3 Paprika und Sellerie waschen und in feine Streifen schneiden. Den Apfel waschen, in zwei Hälften teilen, entkernen und in feine Scheiben schneiden.

4 Die Avocados entkernen, das Fruchtfleisch aus der Schale heben und in dünne Scheiben schneiden. Den Salat waschen und hobeln.

5 Alle vorbereiteten Zutaten zusammen in eine große Schüssel geben und mit dem Saft der Limetten, den Gewürzen und dem Olivenöl vermischen.

6 In Schalen aufteilen und mit Chiliflocken und Sesamsamen garnieren.

HERBSTSALAT

2 Port. 30 Min. Leicht

Zutaten

1 Dose Kichererbsen
80 g Bulgur
2 Handvoll Spinat
250 g Rosenkohl
1 Handvoll Rucola
60 g Walnüsse
½ Granatapfel
1 EL Balsamico
1 EL Öl
40 ml Olivenöl
1 TL Ahornsirup
2 TL Senf
½ Limette
Salz, Pfeffer
Cayennepfeffer

Nährwerte p. P.

477 kcal
52 g Kohlenhydrate
22 g Fett
15 g Eiweiß

1 Den Ofen auf 180 Grad Umluft vorheizen.

2 Kichererbsen und Rosenkohl waschen. Rosenkohl halbieren und beides auf einem Backblech verteilen.

3 Einen Esslöffel Öl und Gemüse miteinander vermischen und über Kichererbsen und Rosenkohl verteilen. Gut vermengen und für zwanzig Minuten backen lassen.

4 Bulgur nach Packungsanleitung zubereiten und abkühlen lassen. Walnüsse hacken, Granatapfel entkernen und Spinat sowie Rucola waschen und trocknen.

5 Balsamico, Olivenöl, Senf, Ahornsirup und Saft der halben Limette zu einem Dressing verrühren und mit Pfeffer und Salz abschmecken.

6 Alles in einer Schüssel vermischen und das Dressing unterheben.

SOMMERSALAT

2 Port. 20 Min. Mittel

Zutaten

120 g Bulgur
3 Pfirsiche
2 Handvoll Spinat
1 Handvoll Pekannüsse
½ Dose Kichererbsen
3 EL Ahornsirup
4 EL Olivenöl
½ Limette
Salz, Pfeffer, Chilipulver
Sesam
Gehackte Minze

Nährwerte p. P.

508 kcal
60 g Kohlenhydrate
19 g Fett
23 g Eiweiß

1 Kichererbsen waschen und mit Chilipulver, Pfeffer und Salz vermischen. Auf einem Backblech verteilen und für eine halbe Stunde bei 200 Grad Ober-/Unterhitze backen lassen.

2 Währenddessen den Bulgur kochen und abkühlen lassen. Pfirsiche in Scheiben schneiden. Pekannüsse grob hacken.

3 Pfirsiche in einer Pfanne mit einem Esslöffel Öl von beiden Seiten anrösten lassen.

4 Pekannüsse in der gleichen Pfanne anrösten und mit einem Esslöffel Ahornsirup karamellisieren lassen.

5 Mit dem restlichen Olivenöl und Ahornsirup sowie dem Limettensaft zu einem Dressing vermengen und mit Chilipulver, Pfeffer und Salz abschmecken.

6 Bulgur, Kichererbsen, Spinat und Pekannüsse in einer Schüssel vermischen. Dressing unterrühren und Pfirsiche darüber verteilen. Mit gehackter Minze und Sesam garnieren.

GRÜNKOHLSALAT MIT ORANGEN

2 Port. | 20 Min. | Leicht

Zutaten

2 Pastinaken
200 g frischer Grünkohl
2 Orangen
100 g Weintrauben
50 g Mandeln
100 g veganer Feta
1 EL Sesamsamen
3 EL Ahornsirup
6 EL Öl
2 EL Orangensaft
½ Zitrone
Chiliflocken
Salz, Pfeffer

Nährwerte p. P.

396 kcal
41 g Kohlenhydrate
10 g Fett
34 g Eiweiß

1 Den Ofen auf 220 Grad Ober-/Unterhitze vorheizen.

2 Orangen und Pastinaken in Scheiben schneiden und auf einem Backblech verteilen.

3 Zwei Esslöffel Ahornsirup und zwei Esslöffel Öl vermengen und über Pastinaken und Orangen verteilen. Mit Pfeffer, Salz und Chiliflocken würzen und für zwanzig Minuten backen lassen.

4 Den Grünkohl waschen, schneiden und mit Salz und etwas Öl massieren. Mandeln hacken, Feta würfeln und Weintrauben waschen.

5 Aus dem restlichen Öl und Ahornsirup, dem Orangensaft und dem Saft der halben Zitrone ein Dressing herstellen. Mit Chiliflocken, Pfeffer und Salz würzen.

6 Orangen und Pastinaken aus dem Ofen holen und mit dem Grünkohl in einer Schüssel vermischen. Feta, Mandeln und Weintrauben dazugeben. Dressing unterheben und mit Sesamsamen toppen.

LINSENSALAT MIT MANGO

5 Port. 30 Min. Leicht

Zutaten

200 g grüne Linsen
1 Mango
1 Avocado
60 g geröstete Kürbiskerne
2 EL Olivenöl
1 TL Senf
3 EL Balsamicoessig
Salz, Pfeffer

Nährwerte p. P.

413 kcal
33 g Kohlenhydrate
22 g Fett
16 g Eiweiß

1 Die Linsen nach Packungsanleitung zubereiten, dann das Wasser abschütten und die Linsen kühl werden lassen.

2 Währenddessen die Avocado und die Mango in Würfel schneiden. Die Kürbiskerne in einer Pfanne ohne Öl anrösten lassen. Mango, Avocado und Linsen miteinander vermengen.

3 Olivenöl, Senf und Balsamico verrühren und mit Salz und Pfeffer abschmecken. Das Dressing über den Salat geben.

4 Die Kürbiskerne über den Salat streuen und servieren.

SPARGEL-AVOCADO-SALAT

2 Port. | 30 Min. | Leicht

Zutaten

1 Avocado
300 g grüner Spargel
200 g Spinat
½ Bund Radieschen
400 g Kichererbsen
30 g Haselnüsse
½ Bund Minze
1 EL Apfelessig
2 EL Olivenöl
Salz, Pfeffer

Nährwerte p. P.

573 kcal
40 g Kohlenhydrate
33 g Fett
24 g Eiweiß

1 Heizen Sie den Backofen auf 200 Grad Umluft vor. Die Kichererbsen währenddessen auf einem Backblech verteilen, mit Pfeffer und Salz würzen und für 20 Minuten im Backofen backen lassen, bis sie kross sind.

2 In der Zwischenzeit die Minzblätter hacken und Radieschen und Avocado in dünne Scheiben schneiden.

3 Den Spargel in Stücke schneiden und für eine Minute in einem Topf mit ausreichend Wasser blanchieren lassen. Danach mit kaltem Wasser abschrecken.

4 Die Haselnüsse ohne Öl in einer Pfanne anrösten lassen. Die Kichererbsen aus dem Ofen nehmen und abkühlen lassen.

5 Jetzt die Zutaten und den Spinat miteinander vermengen und mit Öl und Essig vermischen. Mit Pfeffer und Salz abschmecken.

BELUGALINSEN-SALAT

4 Port. | 45 Min. | Leicht

Zutaten

300 g Belugalinsen
300 g Cocktailtomaten
2 rote Zwiebeln
3 Paprika
4 Zweige Minze
2 EL Zedernnüsse
2 Knoblauchzehen
100 g Rucola
10 EL Olivenöl
1 EL Weißweinessig
Salz, Pfeffer
Zimt

Nährwerte p. P.

550 kcal
50 g Kohlenhydrate
29 g Fett
22 g Eiweiß

1 Die Linsen nach Packungsanleitung zubereiten und abkühlen lassen.

2 Den Backofen auf 200 Grad Grillen vorheizen. Währenddessen die Paprika in Streifen schneiden und die Zwiebeln achteln. Knoblauch reiben.

3 Zwiebeln, Paprika und Knoblauch in eine große Auflaufform geben und mit etwas Olivenöl vermengen. Mit Pfeffer und Salz würzen.

4 Das Gemüse für eine halbe Stunde in den Ofen stellen. Nach einer Viertelstunde die Tomaten dazugeben und alles verrühren.

5 In der Zwischenzeit aus sechs Esslöffeln Olivenöl, einem Esslöffel Weißweinessig und etwas Zimt sowie Pfeffer und Salz ein Dressing mischen.

6 Die Zedernnüsse in einer Pfanne ohne Öl anrösten lassen. Minzblätter hacken.

7 Nun das Gemüse aus dem Ofen nehmen und etwas abkühlen lassen. Dann mit der Minze und dem Dressing vermischen. Mit Zedernnüssen und dem Rucola garnieren.

SPINATSALAT

2 Port. 20 Min. Leicht

Zutaten

400 g Spinat
350 g Champignons
125 g Blaubeeren
1 Paprika
50 g Walnüsse
½ Zitrone
5 EL Olivenöl
1 EL weißer Balsamicoessig
1 EL Balsamicocreme
Margarine zum Braten
Salz, Pfeffer
Zimt

Nährwerte p. P.

495 kcal
15 g Kohlenhydrate
40 g Fett
19 g Eiweiß

1 Die Blaubeeren mit dem Öl, dem Balsamicoessig, der Balsamicocreme und der Schale der halben Zitrone pürieren. Mit Salz, Zimt und Pfeffer abschmecken.

2 Die Champignons vierteln und in etwas Margarine anbraten. In einer anderen Pfanne die Walnüsse ohne Öl anrösten. Beides aus den Pfannen nehmen und abkühlen lassen.

3 Währenddessen die Paprika hacken und den Spinat waschen. Die abgekühlten Walnüsse grob zerhacken.

4 Zum Anrichten erst den Spinat in eine Schüssel geben, dann die Paprika und die Champignons dazugeben und mit dem Dressing garnieren. Zum Schluss die gehackten Walnüsse auf dem Salat verteilen.

Suppen

KAROTTEN-ORANGEN-SUPPE

4 Port. 35 Min. Leicht

Zutaten

6 Möhren
1 Zwiebel
2 Orange
600 ml Gemüsebrühe
1 EL Sonnenblumenöl

Nährwerte p. P.

129 kcal
20 g Kohlenhydrate
3 g Fett
3 g Eiweiß

1 Die Zwiebel schälen und dann fein hacken. Die Möhren schälen und in dünne Scheiben schneiden. Die Orangen halbieren und dann auspressen.

2 Das Öl in einer Pfanne erhitzen, Möhren und Zwiebel anrösten, den Orangensaft hinzufügen und mit der Gemüsebrühe ablöschen.

3 Für ungefähr eine Viertelstunde köcheln lassen. Die Suppe pürieren.

VEGANE ROTE-BETE-SUPPE

4 Port. | 30 Min. | Leicht

Zutaten

500 g Rote Bete
1 rote Zwiebel
400 g Kartoffeln
1 Stück frischer Ingwer
1 Knoblauchzehe
1 TL Meerrettich
150 ml Kokosmilch
2 TL Agavendicksaft
1 l Gemüsebrühe
1 EL Öl
Salz, Pfeffer

Nährwerte p. P.

226 kcal
36 g Kohlenhydrate
8 g Fett
5 g Eiweiß

1 Rote Bete und Kartoffeln schälen und in Würfel schneiden.

2 Zwiebel, Knoblauch und Ingwer schälen. Die Zwiebel würfeln und Ingwer und Knoblauch hacken.

3 Öl in einem großen Topf erhitzen und die Zwiebelwürfel darin andünsten. Nach ungefähr drei Minuten Ingwer und Knoblauch dazugeben und für eine Minute mitbraten lassen. Kartoffeln dazugeben und mitrösten lassen.

4 Rote Bete dazugeben und mit der Gemüsebrühe ablöschen. Mit Pfeffer und Salz würzen, aufkochen lassen und für 25 Minuten bei mittlerer Temperatur zugedeckt köcheln lassen.

5 Wenn das Gemüse gar ist, die Kokosmilch und den Agavendicksaft in die Suppe geben. Pürieren.

6 Mit Meerrettich verfeinern und mit den Gewürzen abschmecken.

KICHERERBSEN-LINSEN-EINTOPF

6 Port. 55 Min. Leicht

Zutaten

200 g Linsen
2 Dosen Kichererbsen
3 Zwiebeln
4 Stangen Staudensellerie
150 g Kirschtomaten
10 g Ingwer
1 Limette
1 ½ l Geflügelfond
5 EL Olivenöl
12 Zweige Koriander
1 Stange Zimt
2 TL Kurkuma
Salz, Pfeffer, Muskat

Nährwerte p. P.

503 kcal
34 g Kohlenhydrate
17 g Fett
51 g Eiweiß

1 Die Poularde in acht Teile teilen: Flügel und Keulen abtrennen und die Keulen in den Gelenken halbieren. Die Brust längs halbieren und die Brusthälften dann quer halbieren. Die Haut entfernen.

2 Die Zwiebeln würfeln, Sellerie in etwa einen halben Zentimeter dicke Streifen schneiden und den Ingwer in Scheiben schneiden.

3 Das Fleisch mit Pfeffer und Salz würzen. Zwei Esslöffel Öl in einem Bräter erhitzen und darin das Fleisch von allen Seiten anbraten. Dann aus dem Bräter nehmen.

4 Das restliche Öl, Ingwer, Sellerie und Zwiebeln in den Bräter geben und dünsten lassen. Kurkuma, Zimt, etwas Muskat und die Linsen nun in den Topf geben und mitdünsten lassen. Jetzt auch das Fleisch wieder in den Topf geben. Mit dem Geflügelfond ablöschen. Für etwa eine halbe Stunde garen lassen.

5 Währenddessen die Kirschtomaten halbieren und die Kichererbsen abtropfen lassen. Die Limette in Stücke schneiden und den Koriander hacken.

6 Etwa fünf Minuten vor Ende der Garzeit die Kichererbsen und die Tomaten in den Topf geben. Würzen, Limettenstücke dazugeben und mit Koriander garnieren.

REIS-PILZ-SUPPE

6 Port. 25 Min. Mittel

Zutaten

3 Möhren
1 Lauch
3 Stangen Sellerie
3 Knoblauchzehen
400 g Pilze
175 g Reis
5 EL Parmesan
240 ml Sahne
2 EL Butter
2 EL Mehl
1440 ml Gemüsebrühe
120 ml Weißwein
1 TL Oregano
1 TL Paprikapulver
1 EL Thymian
Salz, Pfeffer

Nährwerte p. P.

420 kcal
34 g Kohlenhydrate
20 g Fett
25 g Eiweiß

1 Die Butter in einem großen Topf erhitzen. Lauch, Sellerie, Knoblauich und Möhren bei Bedarf schälen und fein würfeln. Zu der Butter geben.

2 Pilze putzen und in Scheiben schneiden. Für sechs Minuten unter Rühren anbraten.

3 Das Gemüse mit den Gewürzen abschmecken und für eine bis zwei Minuten weiter anbraten.

4 Mehl über das Gemüse streuen. Mit Weißwein ablöschen und für eine Minute dünsten lassen.

5 Gemüsebrühe und Reis mit in den Topf geben und umrühren. Zum Kochen bringen und für zwanzig Minuten bei mittlerer Hitze köcheln lassen.

6 Sahne mit in die Suppe rühren und mit Pfeffer und Salz abschmecken. Für weitere zwei bis drei Minuten köcheln lassen, bis die Suppe eingedickt ist. Den Parmesankäse einrühren.

ERBSENSUPPE MIT WÜRSTCHEN

2 Port. 20 Min. Leicht

Zutaten

450 g TK-Erbsen
2 Zwiebeln
150 g Crème fraîche
150 g Würstchen
300 ml Gemüsebrühe
Öl
Salz, Pfeffer

Nährwerte p. P.

404 kcal
11 g Kohlenhydrate
32 g Fett
16 g Eiweiß

1 Die Zwiebeln schälen, grob in kleine Stücke schneiden und mit etwas Öl in einem Topf anschwitzen. Die Erbsen dazugeben und für drei bis vier Minuten mitbraten lassen.

2 Mit der Gemüsebrühe ablöschen und für fünf Minuten kochen lassen, bis die Erbsen weich sind. Pürieren und Crème fraîche unterrühren. Mit Pfeffer und Salz abschmecken.

3 Die Würstchen in Scheiben schneiden und für drei bis vier Minuten in der Suppe warm werden lassen.

BOHNENEINTOPF

6 Port. 30 Min. Mittel

Zutaten

200 g getrocknete dicke Bohnen
100 g Lancette-Nudeln
5 Stangen Staudensellerie
1 Peperoni
2 Knoblauchzehen
100 g Lauch
200 g Möhren
1 Dose geschälte Tomaten
1 TL Tomatenmark
60 g Parmesan
5 EL Olivenöl
1 ¼ l Gemüsefond
200 ml Rotwein
1 Lorbeerblatt
5 Stiele Thymian
1 Zweig Rosmarin
Salz, Pfeffer

Nährwerte p. P.

332 kcal
34 g Kohlenhydrate
13 g Fett
17 g Eiweiß

1 Die Bohnen über Nacht in Wasser einweichen lassen. Den Knoblauch in dünne Scheiben schneiden. Die Peperoni entkernen und in dünne Streifen schneiden.

2 Das Olivenöl in einem Topf erhitzen und die Peperoni und den Knoblauch andünsten lassen. Kurz das Tomatenmark mitrösten lassen und dann mit Rotwein ablöschen.

3 Gemüsefond dazugeben und die Bohnen und das Lorbeerblatt dazugeben. Für zwei Stunden garen lassen.

4 Währenddessen die Möhren in kleine Stücke und den Lauch in Ringe schneiden. Die Staudensellerie auch in Stücke schneiden.

5 Die Dosentomaten abschütten, dabei den Saft aber auffangen. Die Tomaten grob zerschneiden und wieder in den Saft geben.

6 Nach 90 Minuten Garzeit Tomaten, Möhren, Lauch, Sellerie, Thymian und Rosmarin in den Topf geben. Ungefähr zehn Minuten vor Ende der Garzeit die Nudeln mit in den Topf geben. Mit Pfeffer und Salz abschmecken. Vor dem Servieren mit dem Parmesan garnieren.

KICHERERBSEN-SUPPE MIT SEITAN

3 Port. | 20 Min. | Mittel

Zutaten

200 g Seitan
200 g Cashews
200 g Kichererbsen
1 Knoblauchzehe
1 Zwiebel
10 Kirschtomaten
400 ml Gemüsebrühe
1 EL Zitronensaft
1 EL Kokosöl
Salz, Pfeffer, Muskat

Nährwerte p. P.

589 kcal
35 g Kohlenhydrate
26 g Fett
35 g Eiweiß

1 Den Seitan in Würfel schneiden und mit Salz und Pfeffer würzen.

2 Die Tomaten halbieren und mit dem Seitan in einer Pfanne mit etwas Kokosöl braten lassen.

3 Währenddessen Zwiebel und Knoblauch schälen und würfeln. Mit dem restlichen Kokosöl in einer Pfanne kurz andünsten.

4 Kichererbsen zu den Zwiebeln geben und mitbraten lassen. Mit der Gemüsebrühe ablöschen. Aufkochen lassen und Cashews hinzugeben. Mit Zitronensaft abschmecken.

5 Suppe pürieren und mit Muskat und Salz noch einmal abschmecken. Seitan und Tomaten kurz vor dem Servieren unter die Suppe heben.

LINSENSUPPE MIT TOMATEN

4 Port. 30 Min. Leicht

Zutaten

1 Zwiebel
4 Möhren
500 g Kartoffeln
1 Zucchini
190 g Linsen
2 Knoblauchzehen
250 g Tomatenstücke aus der Dose
30 ml Öl
30 g Tomatenmark
1 l Gemüsebrühe
1 TL Kurkuma
½ TL Thymian
½ Rosmarin
Salz, Pfeffer

Nährwerte p. P.

311 kcal
59 g Kohlenhydrate
1 g Fett
18 g Eiweiß

1 Eine Pfanne mit dem Öl erhitzen. Zwiebel und Knoblauch schälen, würfeln und in der Pfanne glasig andünsten. Das Tomatenmark dazugeben und mitdünsten lassen.

2 Kartoffeln, Zucchini und Möhren waschen, nach Bedarf schälen und in Würfel schneiden. Mit in die Pfanne geben und für drei bis fünf Minuten anrösten lassen.

3 Mit der Gemüsebrühe ablöschen und Linsen, Tomatenstücke, Thymian, Rosmarin und Kurkuma dazugeben. Gut umrühren und mit Pfeffer und Salz abschmecken.

4 Für 20 Minuten bei mittlerer Hitze köcheln lassen, bis die Linsen weich sind.

KICHERERBSEN-WEISSKOHL-TOPF

4 Port. 45 Min. Leicht

Zutaten

600 g Weißkohl
2 Stangen Staudensellerie
4 Möhren
1 Zwiebel
200 g Kichererbsen aus der Dose
150 g Couscous
4 TL Pinienkerne
4 TL Granatapfelkerne
1 Zitrone
1 l Gemüsebrühe
2 EL Olivenöl
2 Stiele Dill
2 Stiele Petersilie
½ TL Kreuzkümmel
Cayennepfeffer
Salz
1 Prise Safran

Nährwerte p. P.

359 kcal
51 g Kohlenhydrate
10 g Fett
14 g Eiweiß

1 Möhren, Sellerie, Kohl und Zwiebel waschen und, wenn nötig, schälen. Die Möhren in Würfel, den Kohl in Streifen, den Sellerie in Scheiben schneiden und die Zwiebel würfeln.

2 Das Gemüse zusammen in einem Topf mit einem Esslöffel Olivenöl andünsten lassen. Dann mit Cayennepfeffer und Kreuzkümmel abschmecken und mit Brühe abschrecken.

3 Die Kichererbsen abspülen und mit in den Topf geben. Für 20 Minuten kochen lassen. In den letzten fünf Minuten der Kochzeit den Safran hinzugeben.

4 Währenddessen den Couscous mit doppelter Menge kochendem Wasser übergießen und quellen lassen.

5 Die Zitrone abspülen und einige dünne Scheiben abschneiden. Aus dem Rest den Saft herauspressen. Die Scheiben und den Saft mit dem restlichen Öl unter den Couscous heben.

6 Die Kräuter waschen und grob zerhacken. Pinienkerne in einer Pfanne ohne Öl anrösten. Die Suppe noch einmal abschmecken und zusammen mit dem Couscous und den Kräutern sowie den Pinien- und Granatapfelkernen servieren.

MISO-RAMEN-SUPPE

2 Port. | 30 Min. | Leicht

Zutaten

100 g Shiitake-Pilze
125 g Ramen-Nudeln
1 hartgekochtes Ei
1 Zwiebel
1 Chilischote
1 Brokkoli
2 Möhren
1 Limette
1 2 cm Stück Ingwer
1 l Gemüsebrühe
1 EL Sesamöl
3 EL Miso-Paste
4 EL Tamari
3 EL Reisessig
½ TL Sesamsamen

Nährwerte p. P.

359 kcal
51 g Kohlenhydrate
10 g Fett
14 g Eiweiß

1 Chili, Zwiebel und Ingwer hacken. Das Gemüse waschen und schälen. Die Pilze putzen und halbieren.

2 In einem großen Topf das Öl erhitzen. Chili, Ingwer und Zwiebel hinzufügen und andünsten lassen. Dann Pilze und Gemüse hinzufügen und noch etwas weiter anbraten.

3 Mit der Gemüsebrühe ablöschen und Sesamsamen, Tamari und Miso-Paste hinzugeben. Für zehn Minuten köcheln lassen. Zum Schluss die Brühe mit Limettensaft, Tamari und Reisessig abschmecken.

4 Die Nudeln nach Packungsanleitung zubereiten und in Schüsseln geben. Die Brühe mit dem Gemüse darübergießen und jeweils ein halbes Ei auflegen.

TOMATENSUPPE MIT COUSCOUS

4 Port. | 40 Min. | Leicht

Zutaten

600 g Tomaten
100 g Couscous
1 Paprika
2 Knoblauchzehen
150 g rote Linsen
1 Zwiebel
1 Chilischote
750 ml Gemüsebrühe
2 Stiele Petersilie
2 EL Olivenöl
Salz, Pfeffer

Nährwerte p. P.

279 kcal
39 g Kohlenhydrate
7 g Fett
14 g Eiweiß

1 Die Tomaten waschen, überbrühen, abschrecken und häuten. Dann würfeln. Die Chilischote waschen und fein hacken. Knoblauch und Zwiebel schälen und auch fein hacken.

2 Das Öl in einem Topf erhitzen und Chili, Knoblauch und Zwiebel darin andünsten. Mit den Tomaten und der Brühe abschrecken. Aufkochen lassen und für zehn Minuten köcheln lassen.

3 Währenddessen die Paprika waschen, entkernen und würfeln. Zusammen mit dem Couscous und den Linsen in die Suppe geben und für weitere 15 Minuten kochen lassen.

4 Die Petersilie hacken. Die Suppe mit Pfeffer und Salz abschmecken, auf Suppentellern anrichten und mit der Petersilie garnieren.

Hauptgerichte mit Fleisch

PASTA IN CHAMPIGNON-PUTEN-SOSSE

4 Port. 30 Min. Leicht

Zutaten

500 g Putenbrustfilets
400 g Champignons
500 g Spaghetti
100 g Frischkäse
30 g frisches Basilikum
4 EL Balsamicoessig
3 EL Öl
Salz, Pfeffer

Nährwerte p. P.

707 kcal
98 g Kohlenhydrate
13 g Fett
50 g Eiweiß

1 Die Champignons putzen und sechsteln. Basilikum waschen und hacken. Pute waschen und würfeln.

2 In einem Topf Salzwasser erhitzen und die Spaghetti nach Packungsanleitung zubereiten.

3 Währenddessen in einer Pfanne einen Esslöffel Öl erhitzen und die Putenwürfel von allen Seiten für vier Minuten anbraten. Mit Pfeffer würzen und zur Seite stellen.

4 Das restliche Öl mit dem Bratensatz in der Pfanne erhitzen und die Pilze darin anbraten. Mit vier Esslöffeln Balsamicoessig ablöschen und mit Pfeffer und Salz würzen.

5 Die Spaghetti abgießen und das Wasser dabei auffangen.

6 Eine bis zwei Kellen von dem Nudelwasser, das Fleisch und den Frischkäse mit der Hälfte des Basilikums in die Pfanne geben und verrühren. Mit Pfeffer und Salz abschmecken. Die Spaghetti dazugeben und alles verrühren.

GRÜNER SPARGEL AUS DEM OFEN

4 Port. 30 Min. Mittel

Zutaten

2 Bund grüner Spargel
100 g Schwarzwälder Schinken
4 Eier
4 EL geriebener Parmesan
2 EL Olivenöl
2 TL Essig
20 g Petersilie
Salz, Pfeffer

Nährwerte p. P.

189 kcal
3 g Kohlenhydrate
13 g Fett
15 g Eiweiß

1 Den Ofen auf 200 Grad Umluft vorheizen.

2 Währenddessen den Spargel waschen, das untere Drittel schälen und die Enden abbrechen. Den Schinken zerrupfen.

3 In einer Auflaufform den Spargel mit Pfeffer, Olivenöl und Salz vermengen. Parmesan und Schinken darüberstreuen und für zehn Minuten im Ofen rösten lassen. Währenddessen die Petersilie waschen und fein hacken.

4 In einem Topf Wasser mit Salz und Essig aufkochen lassen. Eier aufschlagen und vorsichtig in das siedende Wasser geben. Für zwei bis drei Minuten stocken lassen. Mit einem Schaumlöffel aus dem Wasser heben.

5 Den grünen Spargel aus dem Ofen nehmen, mit der Petersilie bestreuen und mit dem Ei zusammen servieren.

ZUCCHINI-MEDAILLON-PFANNE

2 Port. 30 Min. Mittel

Zutaten

500 g Schweinefilet
125 g Nudeln
1 Zucchini
1 Schalotte
½ Glas Tomatensoße mit Basilikum
1 TL Edelpilzkäse
½ Handvoll getrocknete Tomaten
150 g Blattsalat
½ Handvoll Walnüsse
1 TL Olivenöl
1 TL Frischkäse
1 TL Gorgonzola
1 EL Balsamicoessig
1 TL Rapsöl
Salz, Pfeffer

Nährwerte p. P.

598 kcal
68 g Kohlenhydrate
20 g Fett
36 g Eiweiß

1 Die Nudeln nach Packungsanweisung zubereiten. Währenddessen das Fleisch in etwa 1,5 cm dicke Medaillons schneiden.

2 Zucchini würfeln und Schalotte schälen und hacken. Getrocknete Tomaten in Streifen schneiden.

3 Das Gemüse mit dem Fleisch zusammen in Olivenöl von beiden Seiten für jeweils zwei Minuten anbraten.

4 Den Edelpilzkäse und die Tomatensoße mit in die Pfanne geben, warm werden lassen und abschmecken. Zusammen mit den Nudeln anrichten.

5 Nun den Salat waschen und auf Tellern verteilen. Walnüsse in eine Pfanne ohne Fett geben und bei mittlerer Hitze anrösten lassen.

6 Rapsöl, Gorgonzola, Frischkäse und Balsamicoessig zu einem Dressing verrühren und mit Salz und Pfeffer abschmecken. Auf dem Salat verteilen. Zusammen mit den Nudeln und dem Fleisch servieren.

SAUERKRAUT-KARTOFFEL-AUFLAUF

4 Port. | 55 Min. | Leicht

Zutaten

4 Pellkartoffeln
1 Dose Sauerkraut
1 Dose weiße Bohnen
100 g Putenbrustfilet
50 g Butterkäse
4 EL Tomatenmark

Nährwerte p. P.

258 kcal
22 g Kohlenhydrate
10 g Fett
18 g Eiweiß

1 Den Backofen auf 220 Grad Ober-/Unterhitze vorheizen.

2 Das Sauerkraut nach Packungsanweisung erhitzen und garen. Die Pellkartoffeln schälen und in etwa zwei Millimeter dicke Scheiben schneiden.

3 Die Hälfte des Sauerkrauts in einer Auflaufform verteilen und darauf die Kartoffelscheiben schichten. Bohnen abtropfen lassen und auf den Kartoffeln verteilen.

4 Das Tomatenmark auf den Bohnen verstreichen und das restliche Sauerkraut darauf verteilen.

5 Käse und Putenbrust kleinschneiden und über dem Auflauf verteilen. Für 25 Minuten im Backofen backen lassen.

TERIYAKI-RIND

4 Port. | 15 Min. | Leicht

Zutaten

400 g Bio Rinder Rumpsteak
1 Frühlingszwiebel
2 EL Sesamsamen
1 EL Sesamöl
80 ml Teriyaki-Soße

Nährwerte p. P.

209 kcal
5 g Kohlenhydrate
10 g Fett
25 g Eiweiß

1 Das Rindfleisch in ungefähr drei Zentimeter breite Streifen schneiden und mit der Teriyaki-Soße vermischen. Für eine Stunde im Kühlschrank marinieren lassen. Dabei gelegentlich wenden.

2 Anschließend das Sesamöl in einer Pfanne erhitzen und das Fleisch von jeder Seite für zwei Minuten scharf anbraten.

3 Dann die restliche Marinade in die Pfanne geben und mit den Sesamsamen bestreuen. Gut vermengen.

4 Die Frühlingszwiebel waschen und in Ringe schneiden. Damit das Fleisch garnieren.

BAGUETTE MIT ROASTBEEF

1 Port. | 10 Min. | Leicht

Zutaten

1 Vollkorn-Baguettebrötchen
60 g Roastbeef in Scheiben
1 TL Honig
1 TL Senf
1 TL saure Sahne
2 TL Butter
Etwas Rucola
Frische Kräuter
Salz, Pfeffer

Nährwerte p. P.

334 kcal
31 g Kohlenhydrate
13 g Fett
24 g Eiweiß

1 Die Kräuter waschen und hacken. Den Senf mit dem Honig und der sauren Sahne verrühren. Die Kräuter dazugeben und mit Pfeffer und Salz abschmecken.

2 Das Brötchen aufschneiden und beide Hälften mit Butter bestreichen.

3 Auf der unteren Brothälfte den Rucola verteilen und darauf die Roastbeefscheiben legen. Honig-Senf-Creme darüber verteilen und die obere Baguettehälfte aufsetzen.

SCHWARZBIER-GULASCH

4 Port. 2 Std. Mittel

Zutaten

750 g Rindergulasch
2 Zwiebeln
1 Flasche Schwarzbier
250 ml Fleischbrühe
2 EL Öl
1 EL Ahornsirup
1 EL Tomatenmark
1 Lorbeerblatt
1 TL Speisestärke
Salz, Pfeffer

Nährwerte p. P.

418 kcal
7 g Kohlenhydrate
16 g Fett
57 g Eiweiß

1 Die Zwiebeln schälen, halbieren und dann in Ringe schneiden. Fleisch waschen und abtupfen.

2 Das Öl in einem Bräter erhitzen. Fleisch dazugeben und bei hoher Hitze anbraten, bis es von allen Seiten braun angeröstet ist. Die Zwiebeln jetzt in den Bräter geben und mitbraten.

3 Mit der Fleischbrühe ablöschen, Lorbeerblatt hinzugeben und bei geringer Hitze für 90 Minuten schmoren lassen.

4 Hat sich die Flüssigkeit durch die Hitze einreduziert, geben Sie 200 ml Bier und das Tomatenmark hinzu. Umrühren und weiter schmoren lassen.

5 Nach 80 Minuten die Speisestärke und das restliche Bier unterrühren und mit Ahornsirup, Salz und Pfeffer abschmecken.

GEGRILLTES LAMMKARREE

2 Port. | 40 Min. | Schwer

Zutaten

1 Lammkarree
100 g Quinoa
250 ml Gemüsebrühe
1 Orange
1 Granatapfel
1 Knoblauchzehe
½ TL Senfkörner
1 Zweig Thymian
1 Zweig Rosmarin
Frischer Salbei
Olivenöl
Pfeffer
Meersalz
2 EL glatte Petersilie
2 EL Pfefferminze

Nährwerte p. P.

862 kcal
30 g Kohlenhydrate
24 g Fett
19 g Eiweiß

1 Heizen Sie den Grill vor. Währenddessen für die Marinade Kräuter, Knoblauch, Senfkörner, Pfeffer und Salz im Mörser verreiben. Olivenöl hinzugeben und alles gut vermengen.

2 Das Lammkarree mit der Marinade bestreichen. Das Fleisch auf den Grill geben und von allen Seiten grillieren (mit einer Kerntemperatur von 53 Grad). Dann vom Grill nehmen und in Alufolie fünf Minuten ziehen lassen.

3 Jetzt die Quinoa waschen, mit der Gemüsebrühe aufkochen und für eine Viertelstunde köcheln lassen. Vom Herd nehmen und kühl werden lassen.

4 Die Granatapfelkerne aus dem Granatapfel lösen. Minze und Petersilie zerhacken.

5 Die Orange auspressen, mit etwas Olivenöl vermengen und mit Salz abschmecken. Quinoa, Granatapfelkerne, Petersilie und Pfefferminze mit der Soße verrühren.

6 Das Lammkarree aufschneiden und mit dem Quinoasalat servieren.

TATAR-DUO

2 Port. 35 Min. Mittel

Zutaten

150 g Bresaola Schinken
1 Schalotte
10 Oliven
2 Gewürzgurken
100 ml saure Sahne
100 g Beluga-Linsen
30 g grober Senf
1 Möhre
½ Fenchel
2 EL Granatapfelkerne
50 g Feldsalat
20 g geröstete Kürbiskerne
½ Bund glatte Petersilie
Limettensaft
Weißer Balsamicoessig
Olivenöl
Salz, Pfeffer

Nährwerte p. P.

521 kcal
34 g Kohlenhydrate
27 g Fett
23 g Eiweiß

1 Den Schinken in feine Streifen schneiden. Gewürzgurken, Petersilie und Oliven fein hacken. Die Schalotte schälen und fein hacken.

2 Schinken, Gurken, Petersilie, Schalotten und Oliven mit der Hälfte der sauren Sahne und dem Senf vermischen. Mit Pfeffer und Salz abschmecken. Die Linsen für eine halbe Stunde in Wasser köcheln lassen.

3 Währenddessen die Möhre und den Fenchel in kleine Würfel schneiden und in den letzten fünf Minuten Kochzeit der Linsen mit in den Topf geben. Abgießen und kühl werden lassen.

4 Die abgekühlte Linsen-Gemüse-Mischung mit der restlichen sauren Sahne und den Granatapfelkernen mischen. Mit Pfeffer und Salz abschmecken.

5 Für das Dressing Limettensaft, Balsamico und Olivenöl vermischen und mit Pfeffer und Salz abschmecken.

6 Den Feldsalat waschen und mit dem Dressing verrühren. Die gerösteten Kürbiskerne darüber verteilen. Mit dem Tatar servieren.

MARINIERTES RINDFLEISCH AUF TOAST

1 Port. 20 Min. Leicht

Zutaten

120 g Rindfleisch
1 Tomate
2 Scheiben Vollkornbrot
1 Handvoll Spinat
2 EL Fischsoße
1,5 EL Sojasoße
1 Prise Zucker

Nährwerte p. P.

471 kcal
45 g Kohlenhydrate
14 g Fett
42 g Eiweiß

1 Einen Esslöffel Fischsoße und einen Esslöffel Sojasoße vermengen und darin das Fleisch für zehn Minuten einlegen. Dann scharf anbraten, für sechs Minuten garen lassen und in Scheiben schneiden.

2 Das Brot toasten und mit Tomatenscheiben, Fleisch und Spinat belegen.

3 Aus der restlichen Fischsoße, Sojasoße und dem Zucker ein Dressing mischen und über das Brot geben.

Hauptgerichte mit Fisch

SOCCA DE NICE

3 Port. 45 Min. Mittel

Zutaten

300 g Kichererbsenmehl
2 Dosen Sardellen in Olivenöl
1 rote Zwiebel
1 Knoblauchzehe
½ Bund Petersilie
6 EL + 100 ml Olivenöl
600 ml Wasser
1 Prise Salz
Pfeffer
Limette

Nährwerte p. P.

790 kcal
61 g Kohlenhydrate
44 g Fett
31 g Eiweiß

1 Das Mehl mit dem Salz, zwei Esslöffeln Olivenöl und dem Wasser zu einem Teig vermengen und für eine halbe Stunde ziehen lassen.

2 Währenddessen die Zwiebel schälen und in feine Ringe schneiden. Die Petersilie hacken.

3 Die Sardellen mit der abgeriebenen Schale der Limette und etwas Limettensaft, dem Knoblauch und 100 ml Olivenöl vermischen und pürieren. Mit Pfeffer abschmecken.

4 Den Ofen auf 200 Grad Ober-/Unterhitze vorheizen.

5 Zwei Backbleche mit vier Esslöffeln Olivenöl einölen, den Teig auf die Bleche gießen und gleichmäßig verteilen. Darauf die Zwiebelringe verteilen.

6 Im Ofen für sieben bis zehn Minuten backen lassen. Mit Sardellenpaste bestreichen und Petersilie darüber verstreuen.

GANZER FISCH VOM BLECH

6 Port. | 1 Std. | Mittel

Zutaten

1 Kabeljau
1 Peperoni
1 Bund Thymian
4 Stiele Petersilie
1 Zitrone
5 EL Olivenöl
Salz

Nährwerte p. P.

415 kcal
10 g Kohlenhydrate
13 g Fett
74 g Eiweiß

1 Heizen Sie den Ofen auf 200 Grad Ober-Unterhitze vor.

2 Währenddessen die Zitrone abspülen und in Scheiben schneiden. Die Peperoni waschen, entkernen und das Fruchtfleisch in Streifen schneiden. Thymian und Petersilie hacken.

3 Den Fisch abspülen und trocken tupfen. Die Haut auf beiden Seiten des Fisches mit einem Messer schräg einritzen. Dann den Fisch mit Salz und Olivenöl einreiben.

4 In die Hauteinschnitte die Zitronenscheiben, Peperonistreifen und Petersilienblätter stecken.

5 Die restlichen Zitronenscheiben mit dem Thymian auf einem Backblech verteilen. Den Fisch darauflegen und für 35 Minuten backen lassen.

KARPFEN AUF PROVENZIALISCHE ART

4 Port. 55 Min. Leicht

Zutaten

4 entgrätete Karpfenfilets
6 Tomaten
4 Zwiebeln
1 Knoblauchzehe
75 g schwarze Oliven (entkernt)
4 EL Butter
4 EL Semmelbrösel
250 ml Roséwein
1 Bund frischer Thymian
Öl zum Braten
Salz, Pfeffer

Nährwerte p. P.

595 kcal
17 g Kohlenhydrate
33 g Fett
48 g Eiweiß

1 Die Karpfenfilets unter Wasser abspülen und dann trocken tupfen.

2 Das Öl in einer Pfanne erhitzen und die Filets darin von beiden Seiten anbraten. Dann vom Herd nehmen und warm stellen.

3 Die Zwiebeln schälen und in Ringe schneiden. Tomaten waschen und vierteln. Die Knoblauchzehe schälen und fein hacken. Den Thymian waschen und die Blättchen abzupfen.

4 Knoblauch und Zwiebeln im Bratfett der Fische glasig andünsten lassen. Die Tomaten in die Pfanne geben und kurz mitdünsten.

5 Zwei Drittel des Thymians, Pfeffer und Salz dazugeben und vermischen. Die Oliven in Scheiben schneiden und mit in die Pfanne mischen. Den Wein angießen und kurz aufkochen lassen.

6 Den Backofen nun auf 180 Grad Ober- /Unterhitze vorheizen.

7 Währenddessen die Hälfte der Tomaten-Zwiebel-Mischung in eine Auflaufform geben.

8 Die Karpfenfilets mit Pfeffer und Salz würzen und in der Auflaufform verteilen. Die übrige Gemüse-Mischung zwischen den Fischfilets verteilen und den Weinfond dazugeben.

9 Butter, Semmelbrösel und den restlichen Thymian miteinander verkneten. Die Mischung auf dem Fisch und dem Gemüse verteilen.

10 Die Auflaufform in den Backofen schieben und für 20 Minuten garen lassen.

FISCH MIT BLUMENKOHLRISOTTO

4 Port. 45 Min. Leicht

Zutaten

400 g Fischfilet
1 Blumenkohl
200 g Hirse
250 ml Hafermilch
300 ml Wasser
100 g Crème fraîche
5 EL Rapsöl
2 EL Currypulver
Pfeffer
Salz
½ TL Fenchelsamen
½ Zitrone

Nährwerte p. P.

645 kcal
45 g Kohlenhydrate
36 g Fett
33 g Eiweiß

1 Den Blumenkohl waschen, Blätter entfernen und den Strunk entfernen. Den Kohl in einer Küchenmaschine raspeln.

2 Den geraspelten Blumenkohl mit drei Esslöffeln Öl in einem großen Topf andünsten lassen. Dann die Hirse hinzugeben und mit 300 ml Wasser und der Hafermilch vermengen. Die Fenchelsamen hinzugeben, aufkochen lassen und für eine Viertelstunde bei kleiner Hitze quellen lassen.

3 Währenddessen den Fisch waschen und trocken tupfen. In mundgerechte Stücke schneiden. Etwa 50 g des Fisches auf dem Risotto für die letzten fünf Minuten mitgaren lassen.

4 Die Zitrone waschen und die Schale abreiben. Den Saft pressen. Die Fischstücke mit dem Zitronensaft beträufeln und mit Pfeffer, Salz und Currypulver bestäuben. Den Fisch mit 2 Esslöffeln Öl von jeder Seite knusprig anbraten.

5 Das Risotto mit Crème fraîche, Zitronensaft, Zitronenschale sowie etwas Salz und Pfeffer abschmecken. Zusammen mit dem Fisch servieren.

SEEBARSCH AUF LINSEN

4 Port. 50 Min. Leicht

Zutaten

400 g Kartoffeln
4 Seebarschfilets
3 Schalotten
250 g Linsen
40 g Butterschmalz
1 Chilischote
1 Stiel Zitronengras
2 EL Rotweinessig
4 EL Olivenöl
500 ml Gemüsebrühe
Salz, Pfeffer Muskat

Nährwerte p. P.

578 kcal
42 g Kohlenhydrate
25 g Fett
46 g Eiweiß

1 Die Schalotten schälen und in Streifen schneiden. Zwei Drittel in einem Topf mit einem Esslöffel Öl anschwitzen lassen. Mit Brühe ablöschen und aufkochen lassen.

2 Die Linsen mit in den Topf geben und für etwa 20 Minuten köcheln lassen.

3 Währenddessen die Kartoffeln schälen und raspeln. Mit Pfeffer, Muskat und Salz würzen und mit dem Butterschmalz in einer Pfanne zu Röstis braten.

4 Die Fischfilets waschen, trocken tupfen und mit Pfeffer und Salz würzen. Den Fisch mit zwei Esslöffeln Öl beträufeln und in einer Pfanne von jeder Seite zwei bis drei Minuten lang anbraten.

5 Das Zitronengras fein hacken und die Chilischote in Ringe schneiden.

6 Die Linsen mit Pfeffer, Salz und Essig abschmecken und das übrige Öl untermischen. Auf Tellern verteilen. Die Puffer mit den Fischfilets anrichten. Zitronengras und Chili kurz in der noch heißen Pfanne schwenken und dann mit dem Fisch servieren.

SHRIMP-TACOS

4 Port. 45 Min. Mittel

Zutaten

24 Garnelen
8 Taco Shells
1 Avocado
1 Kopf Romanasalat
1 rote Chilischote
1 Knoblauchzehe
½ Mango
2 Limetten
15 g Koriander
½ TL Rohrzucker
1 EL Öl
Salz, Pfeffer

Nährwerte p. P.

304 kcal
29 g Kohlenhydrate
15 g Fett
15 g Eiweiß

1 Mango und Avocado schälen und in etwa einen Zentimeter dicke Würfel schneiden. Den Koriander waschen und fein hacken. Koriander, Avocado und Mango miteinander vermengen.

2 Den Romanasalat waschen und in Streifen schneiden. Den Knoblauch schälen und fein hacken. Die Chilischote waschen, entkernen und fein hacken.

3 Garnelen waschen, wenn nötig, Schale und Darm entfernen und die Garnelen mit Küchenpapier abtrocknen. Die Limetten auspressen.

4 In einer Pfanne das Öl bei niedriger Temperatur erhitzen und Chilischote und Knoblauch darin andünsten. Die Temperatur erhöhen und Garnelen dazugeben. Von beiden Seiten für zwei bis vier Minuten andünsten, bis die Garnelen gar sind. Mit Zucker bestreuen und karamellisieren lassen. Mit dem Limettensaft ablöschen. Garnelen mit Pfeffer und Salz würzen.

5 Nun die Taco Shells füllen. Eine Handvoll Romanasalat, dann zwei bis drei Esslöffel Mango-Avocado-Salat einfüllen und zum Schluss vier Garnelen mit etwas Limettensaft in den Taco geben. Mit den anderen Shells genauso verfahren.

PASTA MIT THUNFISCH

4 Port. | 25 Min. | Leicht

Zutaten

100 g schwarze Oliven (entkernt)
1 Zwiebel
1 rote Chilischote
500 g Bandnudeln
400 g passierte Tomaten
2 Dosen Thunfisch in Olivenöl
5 g Basilikum
1 EL Olivenöl
Cayennepfeffer
Salz, Pfeffer

Nährwerte p. P.

810 kcal
104 g Kohlenhydrate
28 g Fett
30 g Eiweiß

1 Die Zwiebel schälen und fein hacken. Die Chilischote waschen, entkernen und auch fein hacken. Oliven in Ringe schneiden.

2 Das Olivenöl erhitzen und die Chilischote sowie die Zwiebel darin anschwitzen. Oliven hinzugeben, kurz mitbraten lassen und dann mit den passierten Tomaten ablöschen. Bei schwacher Hitze für eine Viertelstunde köcheln lassen.

3 Währenddessen die Nudeln nach Packungsanweisung zubereiten.

4 Das Basilikum waschen, von den Stielen zupfen und hacken. Den Thunfisch abtropfen lassen und mit einer Gabel in grobe Stücke zerteilen.

5 Die Tomatensoße mit Cayennepfeffer, Pfeffer und Salz abschmecken. Das Basilikum unter die Soße rühren.

6 Die Soße mit den Nudeln vermengen und den Thunfisch darüber verstreuen.

SENF-HONIG-LACHS MIT SPARGEL

6 Port. | 1 Std. | Mittel

Zutaten

900 g TK-Lachsfilet
2 Zwiebeln
3 Knoblauchzehen
2 Bund grüner Spargel
2 Zitronen
2 EL Senf
4 EL Honig
50 ml Olivenöl
2 EL Parmesan
Salz, Pfeffer

Nährwerte p. P.

436 kcal
18 g Kohlenhydrate
26 g Fett
35 g Eiweiß

1 Den Lachs über Nacht im Kühlschrank auftauen lassen. Den Backofen auf 180 Grad Ober-/Unterhitze vorheizen.

2 Währenddessen das untere Drittel des Spargels abschneiden. Knoblauch und Zwiebeln schälen und fein würfeln. Zusammen mit der Hälfte des Olivenöls, dem Senf, dem Saft einer halben Zitrone und zwei Esslöffeln Honig miteinander verrühren. Mit Pfeffer und Salz abschmecken.

3 Den Spargel in einer Pfanne mit dem restlichen Olivenöl für drei Minuten schwenken. Den übrigen Honig dazugeben und vorsichtig karamellisieren lassen. In eine Auflaufform geben.

4 Das Lachsfilet zu dem Spargel geben und mit dem Dressing bestreichen.

5 Die restlichen Zitronen in Scheiben schneiden und auf dem Lachs verteilen. Für ungefähr eine Viertelstunde backen lassen. Aus dem Ofen nehmen und mit Parmesan bestreuen.

FISCHEINTOPF

6 Port. | 1 Std. 15 Min. | Schwer

Zutaten

1 ½ kg frischer Fisch nach Belieben
200 g Venusmuscheln
400 g Miesmuscheln
200 g Tintenfisch
200 g Oktopus
2 Stangen Staudensellerie
½ Knolle Fenchel
1 Stange Lauch
2 rote Zwiebeln
1 Möhre
3 Knoblauchzehen
500 g gestückelte Tomaten
1 Chilischote
2 Lorbeerblätter
1 Bund Petersilie
1 Schuss + 1 Glas Weißwein
4 EL Olivenöl
Wasser
Salz, Pfeffer

Nährwerte p. P.

590 kcal
69 g Kohlenhydrate
19 g Fett
34 g Eiweiß

1 Die Fische, wenn nötig, ausnehmen, Kiemen entfernen und entschuppen. Bei allen Fischen den Kopf und die Flossen entfernen. Aus den Gräten, Köpfen und Flossen eine Fischbrühe herstellen. Dafür die Fischreste mit der Hälfte des Fenchels, dem Lauch, den Lorbeerblättern, einem Schuss Wein und einem halben Liter Wasser zum Kochen bringen. Passieren und für eine halbe Stunde ziehen lassen.

2 In einem breiten Topf Möhre, Sellerie, Zwiebeln und die andere Hälfte des Fenchels mit drei gewürfelten Knoblauchzehen und vier Esslöffeln Olivenöl andünsten. Mit dem Glas Weißwein ablöschen und die Tomaten dazugeben. Für zwanzig Minuten einkochen und passieren. Mit 400 ml der Fischbrühe auffüllen und noch einmal etwas kochen lassen, dann mit gehackter Chili, Salz und Pfeffer abschmecken.

3 Den Oktopus für 45 Minuten in Salzwasser weich kochen und dann in Stücke schneiden.

4 Die größeren Tintenfisch- und Fischstücke zuerst für etwa zehn Minuten in die köchelnde Brühe geben, die kleineren Fischstücke etwas später dazugeben. Nach den zehn Minuten zuerst die Miesmuscheln dazugeben und etwa zwei Minuten später die Venusmuscheln. Für vier Minuten garen lassen.

5 Dann die kleinen Fischstücke und die vorgegarten Oktopusteile mit der Petersilie zusammen unter den Eintopf mischen und für zwei Minuten ziehen lassen. Währenddessen immer wieder etwas von der Fischbrühe nachgießen.

Vegetarische Hauptgerichte

OFENKARTOFFELN MIT PFIFFERLINGEN

4 Port. 20 Min. Leicht

Zutaten

4 große Kartoffeln
400 g Pfifferlinge
250 g Ricotta
100 g Schmand
4 Frühlingszwiebeln
½ Bund Radieschen
1 Bund Schnittlauch
½ Bund Petersilie
2 EL Öl
Salz, Pfeffer
Etwas Milch

Nährwerte p. P.

268 kcal
22 g Kohlenhydrate
14 g Fett
10 g Eiweiß

1 Die Kartoffeln gut abschrubben und in Alufolie wickeln. Den Ofen auf 200 Grad Ober-/Unterhitze vorheizen und die Kartoffeln für eine Stunde backen lassen.

2 Währenddessen die Pfifferlinge mit einem Pinsel säubern und in mundgerechte Stücke schneiden.

3 Die Frühlingszwiebeln in Ringe schneiden. Den Ricotta mit dem Schmand vermischen und mit etwas Milch glatt rühren.

4 Den Schnittlauch in Röllchen schneiden, die Petersilie hacken. Die Kräuter mit zu der Ricotta-Schmand-Mischung geben.

5 Die Radieschen waschen und in Würfel schneiden. Auch zu dem Ricotta geben. Mit Pfeffer und Salz abschmecken.

6 Das Öl in einer Pfanne erhitzen und die Pfifferlinge darin anbraten. Dann die Frühlingszwiebeln dazugeben und mit Pfeffer und Salz abschmecken.

7 Die Kartoffeln aus dem Ofen nehmen und der Länge nach aufschneiden. Zusammen mit dem Ricotta und den Pilzen servieren.

WRAPS MIT WALDPILZEN UND NÜSSEN

4 Port. | 30 Min. | Leicht

Zutaten

4 Tortillas
200 g Brokkoli
1 Handvoll Nüsse
150 g Pfifferlinge
2 Schalotten
½ Zucchini
3 EL Mayonnaise
1 EL Zitronensaft
½ Bund Schnittlauch
Paprikapulver
Olivenöl
Salz, Pfeffer

Nährwerte p. P.

389 kcal
35 g Kohlenhydrate
13 g Fett
25 g Eiweiß

1 Die Nüsse zerhacken und ohne Fett in einer Pfanne kurz anrösten, dann beiseitestellen.

2 Die Schalotten schälen und in Ringe schneiden. Die Zucchini waschen und stifteln. Brokkoli waschen und in mundgerechte Stücke schneiden. Die Pilze stifteln.

3 Erhitzen Sie etwas Öl in einer Pfanne und braten Sie den Brokkoli und die Schalotten darin für ungefähr vier Minuten. Dann Zucchini und Pilze hinzugeben. Für weitere vier Minuten anbraten. Mit Paprikapulver, Pfeffer und Salz abschmecken.

4 Das Gemüse vom Herd nehmen und mit den Nüssen vermengen.

5 Den Schnittlauch in Ringe schneiden und mit dem Zitronensaft und der Mayonnaise vermischen. Mit Pfeffer und Salz abschmecken. Das Gemüse unterrühren und die Tortillas mit der Mischung füllen.

QUICHE MIT SPINAT UND FETA

1 Port. 30 Min. Mittel

Zutaten

450 g TK-Spinat
275 g TK-Blätterteig
10 Cocktailtomaten
1 Zwiebel
3 Eier
40 g Pinienkerne
2 Knoblauchzehen
200 g Feta Muskat
Salz, Pfeffer, Muskat
Geriebener Gouda
Butter
Etwas Olivenöl

Nährwerte p. P.

817 kcal
34 g Kohlenhydrate
60 g Fett
31 g Eiweiß

1 Eine Quicheform mit Butter einfetten und mit dem Blätterteig auslegen. Mit einer Gabel mehrmals einstechen und die Form in den Kühlschrank stellen.

2 Den Ofen auf 180 Grad Ober-/Unterhitze vorheizen. Währenddessen in einer Pfanne ohne Fett die Pinienkerne anrösten. Zur Seite stellen.

3 Jetzt etwas Olivenöl in der Pfanne erhitzen und die Zwiebel würfeln. Glasig andünsten.

4 Den Spinat mit in die Pfanne geben und die Knoblauchzehen dazu pressen. Mit Muskat, Salz und Pfeffer abschmecken.

5 Den Feta würfeln und mit den Eiern, etwas Gouda und den Pinienkernen vermischen. Mit Salz und Pfeffer abschmecken.

6 Den Spinat in die Quicheform geben und darüber die Feta-Eier-Mischung geben. Cocktailtomaten halbieren und auf der Quiche verteilen.

7 Die Quiche für 45 Minuten backen lassen.

BULGUR-BUDDHA-BOWL

1 Port. | 30 Min. | Leicht

Zutaten

100 g Bulgur
1 Zwiebel
1 Tomate
½ Paprika
2 Champignons
½ Avocado
3 EL Kichererbsen
¼ Salatgurke
¼ Feta
3 EL Hummus
4 EL Tomatenmark
2 Frühlingszwiebeln
Petersilie
Zitronensaft
Balsamico, Oivennöl
Salz, Pfeffer

Nährwerte p. P.

602 kcal
79 g Kohlenhydrate
11 g Fett
24 g Eiweiß

1 Den Bulgur nach Packungsanweisung zubereiten.

2 Währenddessen die Zwiebel und die Pilze in Scheiben schneiden und mit etwas Olivenöl in einer Pfanne anbraten. Mit einem Schuss Balsamico ablöschen und zur Seite stellen.

3 Das Gemüse waschen. Die Paprika entkernen und in Streifen schneiden, Frühlingszwiebeln und Tomate in Scheiben schneiden und die Gurke würfeln. Avocado in Streifen schneiden und mit Zitronensaft beträufeln, damit sie ihre grüne Farbe behält.

4 Ist der Bulgur fertig, diesen mit Olivenöl, Tomatenmark und den Frühlingszwiebeln vermischen. Mit Pfeffer, Salz und etwas Zitronensaft abschmecken.

5 Alle Zutaten in einer großen Müslischüssel anrichten.

GEMÜSELASAGNE

6 Port. | 1 Std. 25 Min. | Mittel

Zutaten

200 g Blattspinat
250 g Vollkorn-Lasagneblätter
150 g grüne Bohnen
1 Stange Lauch
2 Knoblauchzehen
5 Tomaten
500 ml Milch
40 g Vollkornmehl
70 g Butter
50 g geriebener Parmesan
4 EL Olivenöl
2 TL Kräuter der Provence
Salz, Pfeffer

Nährwerte p. P.

620 kcal
58 g Kohlenhydrate
33 g Fett
23 g Eiweiß

1 Die Bohnen waschen und in Stücke schneiden. In kochendes Wasser geben und für sechs bis acht Minuten garen. Abschrecken und zur Seite stellen.

2 Den Spinat waschen und zerhacken. Den Lauch längs halbieren und in Ringe schneiden. Tomaten waschen und würfeln. Knoblauch fein hacken.

3 Das Öl in einer Pfanne erhitzen und das Gemüse darin für zehn Minuten dünsten. Mit Pfeffer, Kräutern und Salz abschmecken.

4 In einem Topf 50 g Butter schmelzen lassen, Mehl hinzufügen und unter stetigem Rühren anschwitzen lassen. Dann die Milch dazugeben und glatt rühren. Soße zum Köcheln bringen und bei geringer Temperatur fünf Minuten blubbern lassen.

5 Den Parmesan in die Soße rühren und dann den Topf vom Herd nehmen.

6 Eine Auflaufform mit der restlichen Butter einstreichen. Boden mit Lasagneblättern auslegen und etwas Gemüse darauf verteilen. Dann Soße darüber geben. Mit Lasagneblättern bedecken und wieder mit Gemüse auffüllen.

7 Wieder Soße darübergeben. So weiter verfahren, bis das Gemüse aufgebraucht ist. Als Letztes mit Lasagneblättern bedecken und mit der Soße abschließen.

8 Im Ofen für 40 Minuten backen.

LINSEN-ZUCCHINI-CURRY

4 Port. | 20 Min. | Mittel

Zutaten

350 g rote Linsen
1 Knoblauchzehe
1 Zwiebel
750 g Zucchini
150 g Joghurt
700 ml Gemüsebrühe
2 TL Garam Masala
1 TL Curry
2 EL Öl
Petersilie
Salz, Pfeffer

Nährwerte p. P.

242 kcal
23 g Kohlenhydrate
11 g Fett
13 g Eiweiß

1 Die Linsen waschen. Zwiebel schälen und fein würfeln. Knoblauch pressen. Zucchini waschen und der Länge nach halbieren. Entkernen und in Würfel schneiden.

2 Das Öl in einem Topf erhitzen und darin den Knoblauch und die Zwiebelwürfel zusammen mit Currypulver und Garam Masala anschwitzen. Dann die Zucchiniwürfel für drei Minuten dazugeben.

3 Die Linsen mit in den Topf geben und mit der Gemüsebrühe ablöschen. Für zehn Minuten köcheln lassen.

4 Währenddessen die Petersilie waschen und fein hacken. Den Joghurt mit der Petersilie vermengen und mit Pfeffer und Salz abschmecken.

5 Curry mit Pfeffer und Salz abschmecken und zusammen mit dem Joghurt servieren.

VEGETARISCHE PAELLA

4 Port. | 1 Std. 10 Min. | Leicht

Zutaten

200 g Paprika
170 g grüne Bohnen
170 g Aubergine
170 g Zucchini
130 g Zwiebeln
1 Knoblauchzehe
270 g Tomaten
1 Dose Safranfäden
1 Dose Kichererbsen
300 g Paella-Reis
1 kleine rote Peperoni
670 ml Gemüsebrühe
2 EL Olivenöl
½ TL Koriander
1 TL Paprikapulver
1 EL Petersilie
Thymian
Salz

Nährwerte p. P.

210 kcal
12 g Kohlenhydrate
16 g Fett
5 g Eiweiß

1 Den Ofen auf 180 Grad Ober-/Unterhitze vorheizen.

2 Die Enden der Bohnen abschneiden, waschen und in etwa drei Zentimeter lange Stücke teilen.

3 Die Paprika vierteln, entkernen und in drei Zentimeter große Würfel schneiden.

4 Aubergine und Zucchini in Scheiben schneiden und diese dann noch einmal vierteln. Zwiebeln und Knoblauch schälen und hacken.

5 Die Gemüsebrühe in einem Topf erhitzen und die Bohnen darin für etwa acht Minuten bissfest garen lassen. Mit einem Schaumlöffel herausheben und abschrecken. Safran mit den Fingern zerreiben und in der Gemüsebrühe auflösen.

6 Den Reis mit in die Brühe mischen und mit Koriander, Paprikapulver und Salz abschmecken. Für eine Minute kochen lassen.

7 Die Hälfte des Öls in einer Pfanne erhitzen und Knoblauch und Zwiebeln darin anschwitzen. Dann Zucchini und Aubergine hinzufügen und für fünf Minuten mitbraten lassen. Vom Herd nehmen.

8 Die Tomaten kurz blanchieren, abschrecken und häuten. Dann halbieren und die Samen entfernen. Diese durch ein Sieb passieren und den Tomatensaft zur Seite stellen. Das Fruchtfleisch in Würfel schneiden.

9 Die Kichererbsen abgießen und abspülen. In einer Pfanne das Gemüse, die Tomaten, den Tomatensaft, den Reis, die Gemüsebrühe und die Kichererbsen miteinander vermischen.

10 Die Peperoni klein hacken und entkernen. Peperoni und Petersilie mit in die Pfanne mengen. Die Paella mit Alufolie bedecken und im Ofen für ungefähr 20 Minuten backen lassen.

11 Die Alufolie entfernen und für weitere zehn Minuten im Ofen garen lassen, bis die Oberfläche bräunlich ist.

GEMÜSETARTE

4 Port. | 2,5 Std. | Mittel

Zutaten

1 Tarteteig
150 g Crème fraîche
100 g Parmesan
150 g Ziegenfrischkäse
1 Ei
1 Knoblauchzehe
3 Möhren
1 Zucchini
3 rote Zwiebeln
1 Bund frische Kräuter
2 EL Olivenöl
1 TL Zitronensaft
Salz, Pfeffer

Nährwerte p. P.

773 kcal
61 g Kohlenhydrate
51 g Fett
25 g Eiweiß

1 Den Knoblauch schälen und fein hacken. Kräuter waschen und fein hacken. Den Parmesan reiben und alles mit der Crème fraîche, dem Ziegenkäse und dem Ei zu einer gleichmäßigen Masse verrühren. Mit Kräutern, Pfeffer, Salz und Zitronensaft abschmecken.

2 Die Möhren schälen und mit einem Sparschäler in lange Streifen hobeln. Zucchini ebenfalls in Streifen hobeln. Zwiebeln schälen und halbieren.

3 Den Backofen auf 180 Grad Ober- /Unterhitze vorheizen. Den Teig in eine Tarteform legen und fest andrücken. Überstehende Ränder abschneiden. Mit Backpapier belegen und für zehn Minuten im Ofen auf unterster Schiene backen lassen.

4 Aus dem Ofen nehmen und die Creme in die Tarte geben. Die Gemüsestreifen aufrollen und gleichmäßig auf der Creme verteilen. Leicht andrücken. Die halbierten Zwiebeln in den Zwischenräumen verteilen.

5 Die Tarte mit etwas Olivenöl besprenkeln und für 50 Minuten im Ofen backen lassen.

SÜSSKARTOFFELAUFLAUF

4 Port. | 1 Std. 20 Min. | Mittel

Zutaten

1200 g Süßkartoffeln
100 g Feta
350 g Zucchini
2 Knoblauchzehen
3 EL Dukkah
2 EL Harissa
8 EL Olivenöl
2 Zweige Thymian
2 TL Salz
2 EL Ahornsirup

Nährwerte p. P.

1041 kcal
110 g Kohlenhydrate
67 g Fett
17 g Eiweiß

1 Den Backofen auf 200 Grad Ober-/Unterhitze vorheizen.

2 Die Süßkartoffeln und die Zucchini in etwa zwei Millimeter dicke Scheiben schneiden. In eine Schüssel geben und mit Harissa, Salz, Ahornsirup und Olivenöl vermischen.

3 Einen Bräter einölen und das Gemüse darin verteilen.

4 Den Knoblauch schälen und in Scheiben schneiden. Zwischen die Gemüsescheiben stecken. Bräter mit dem Deckel in den Ofen schieben und für 40 Minuten backen lassen.

5 Währenddessen den Feta würfeln und mit dem Dukkah nach etwa 40 Minuten Backzeit über das Gemüse geben. Den Auflauf noch einmal für 20 Minuten ohne Deckel backen lassen. Kurz vor dem Servieren mit Thymian garnieren.

VEGETARISCHER BRATEN

4 Port. 1,5 Std. Leicht

Zutaten

750 g Champignons
1 Dose schwarze Bohnen
80 g getrocknete Steinpilze
1 Zwiebel
2 Knoblauchzehen
1 Möhre
3 Eier
60 g Haselnusskerne
2 EL Tomatenmark
1 EL Senf
4 EL Olivenöl
400 ml Gemüsebrühe
2 Zweige Thymian
4 Stiele Petersilie
1 TL Paprikapulver
Pfeffer
½ TL Salz

Nährwerte p. P.

437 kcal
50 g Kohlenhydrate
25 g Fett
21 g Eiweiß

1 Den Backofen auf 200 Grad Ober-/Unterhitze vorheizen.

2 Die Champignons putzen und mit einer Küchenmaschine zerkleinern. Die Steinpilze in der Gemüsebrühe weich werden lassen. Durch ein Sieb gießen und dann auswringen.

3 Die Pilze mit zwei Esslöffeln Olivenöl und dem Salz vermischen und auf einem Backblech mit Backpapier ausbreiten. Für etwa eine halbe Stunde auf mittlerer Schiene rösten lassen und dann auskühlen lassen.

4 Währenddessen die Bohnen abgießen und mit dem Senf und den Eiern fein pürieren.

5 Zwiebel und Knoblauch schälen und fein hacken. Möhre schälen und fein raspeln. Die Petersilie waschen und fein hacken. Thymianblätter abzupfen.

6 Das restliche Olivenöl in einer Pfanne erhitzen. Zwiebeln und Knoblauch hinzugeben und glasig anschwitzen lassen. Die Möhre hinzugeben und ebenfalls anschwitzen. Das Tomatenmark einrühren und anrösten lassen. Von der Herdplatte nehmen.

7 Die Möhren-Zwiebel-Mischung mit den Pilzen und dem Bohnenpüree zusammen in eine Schüssel geben und miteinander vermengen.

8 Haselnüsse hacken und in einer Pfanne ohne Fett anrösten. Mit den Kräutern zusammen zu der Pilzmasse geben. Die Masse mit Pfeffer, Salz und Paprikapulver abschmecken.

9 Nun den Ofen auf 180 Grad drehen. Eine Kastenform mit Backpapier auslegen und die Masse hineingeben. Für 45 Minuten auf mittlerer Schiene backen lassen.

Vegane Hauptgerichte

GEMÜSE-PORRIDGE

2 Port. | 15 Min. | Leicht

Zutaten

100 g Haferflocken
400 ml Gemüsebrühe
100 g Champignons
1 Paprika
1 Knoblauchzehe
Kürbiskerne
2 EL Olivenöl
Rucola
Rosmarin
Pfeffer

Nährwerte p. P.

368 kcal
36 g Kohlenhydrate
19 g Fett
10 g Eiweiß

1 Die Gemüsebrühe aufkochen lassen und die Haferflocken darin für drei Minuten köcheln lassen. Dann vom Herd nehmen und ruhen lassen.

2 Währenddessen den Knoblauch pressen, die Champignons putzen und klein schneiden, die Paprika auch in kleine Stücke teilen.

3 Das Olivenöl in einer Pfanne erhitzen und darin Knoblauch, Paprika und Champignons anbraten. Dann die Hitze reduzieren und für etwa fünf Minuten köcheln lassen. Mit Rosmarin und Pfeffer abschmecken.

4 Rucola waschen. Porridge in Schüsseln verteilen, mit Gemüse und Rucola garnieren und die Kürbiskerne darüber verstreuen.

LINSEN-MOUSSAKA

6 Port. | 1 Std. | Mittel

Zutaten

300 g Kartoffeln
1 Aubergine
200 g rote Linsen
1 Zwiebel
2 Möhren
2 Knoblauchzehen
2 Tomaten
100 g Babyspinat
100 g veganer Reibekäse
250 ml passierte Tomaten
1 EL Tomatenmark
Kokosmilch
Olivenöl
Oregano, Basilikum
Zimt
Salz, Pfeffer

Nährwerte p. P.

389 kcal
45 g Kohlenhydrate
31 g Fett
22 g Eiweiß

1 Die Aubergine und die Kartoffeln waschen und beides in ungefähr einen Zentimeter dicke Streifen schneiden. Auf einem Backblech ausbreiten, mit Olivenöl beträufeln und mit Oregano, Pfeffer und Salz würzen. Für zehn Minuten im Backofen backen.

2 Währenddessen die Linsen in Salzwasser aufkochen und dann ziehen lassen. Den Knoblauch schälen und pressen, die Zwiebel schälen und in Ringe schneiden. Tomaten und Möhren würfeln.

3 Etwas Olivenöl in einer Pfanne erhitzen und Karotten, Zwiebeln und Knoblauch mit dem Tomatenmark für zwei Minuten scharf anbraten.

4 Die gewürfelten Tomaten hinzufügen und für drei weitere Minuten braten lassen. Dann mit den passierten Tomaten ablöschen und die Linsen hinzufügen.

5 Mit Basilikum, Pfeffer und Salz abschmecken.

6 Die Auflaufform erst mit einer Schicht Aubergine und dann mit einer Schicht Kartoffeln auslegen. Darauf die Linsen-Mischung verteilen. Wieder mit Aubergine und Kartoffeln belegen und mit Soße abschließen.

7 Den Spinat waschen und darauf verteilen. Dann mit dem Käse bestreuen. Etwas Kokosmilch mit einer Prise Zimt vermischen und den Käse damit beträufeln.

8 Im Ofen bei 200 Grad Ober-/Unterhitze für eine halbe Stunde backen lassen.

CASHEWBRATEN

4 Port. | 35 Min. | Mittel

Zutaten

550 g gemahlene Cashews
2 Stangen Staudensellerie
1 Stange Lauch
115 g Margarine
160 g zerkrümeltes Weißbrot
1 Zwiebel
6 Scheiben Vollkornbrot
1 TL Hefeflocken
2 EL Sojamehl
8 TL gehackter Salbei
2 TL Kräuter nach Belieben
350 ml heißes Wasser
Salz, Pfeffer

Nährwerte p. P.

416 kcal
38 g Kohlenhydrate
40 g Fett
13 g Eiweiß

1 30 g Margarine in einem Topf schmelzen lassen. Sellerie und Lauch kurz darin anbraten.

2 Hefeflocken mit dem heißen Wasser vermengen und mit in den Topf geben. Kräuter, Cashews, Sojamehl und Weißbrotkrümel dazugeben. Alles mit Pfeffer und Salz abschmecken. Topf beiseitestellen und abkühlen lassen.

3 Nun eine Kastenform gut einfetten.

4 Zwiebel fein würfeln und die restliche Margarine in einer Pfanne schmelzen lassen. Zwiebel darin glasig andünsten lassen. Vollkornbrot zerreißen und mit in die Pfanne geben. Mit Salz abschmecken und mit dem Salbei vermischen.

5 Die Hälfte der Cashew-Mischung in die Kastenform füllen und gut andrücken. Die Füllung darauf verteilen und wieder gut andrücken. Dann die restliche Cashew-Mischung in die Form geben und noch einmal gut andrücken.

6 Den Braten bei 180 Grad Ober-/Unterhitze für 40 Minuten im Ofen backen lassen.

ERDNUSS-BROKKOLI-REIS

4 Port. | 10 Min. | Leicht

Zutaten

150 g Vollkorn-Naturreis
400 g Kichererbsen aus der Dose
3 Brokkoli
3 EL Erdnussmus
250 ml Gemüsebrühe
Salz, Pfeffer

Nährwerte p. P.

525 kcal
75 g Kohlenhydrate
10 g Fett
25 g Eiweiß

1 Den Reis nach Packungsanleitung kochen und die Kichererbsen abtropfen lassen.

2 Den Brokkoli klein schneiden und für ungefähr eine Viertelstunde in heißem Wasser gar kochen. Brokkoli, Reis und Kichererbsen miteinander vermengen.

3 Das Erdnussmus mit der Gemüsebrühe verdünnen und über die Brokkoli-Kichererbsen-Reis-Mischung geben. Bei geschlossenem Deckel kurz aufkochen lassen und mit Pfeffer und Salz abschmecken.

SÜSS-SAURE TOFU-PFANNE

4 Port. 15 Min. Mittel

Zutaten

400 g Tofu
1 Bund Frühlingszwiebeln
1 Glas Ananas im eigenen Saft
1 Stück Ingwer (2 cm)
1 Knoblauchzehe
50 g Cashews
4 EL Sojasoße
1 EL Apfelessig
5 EL kaltes Wasser
5 EL Speisestärke
Öl zum Braten

Nährwerte p. P.

269 kcal
28 g Kohlenhydrate
11 g Fett
12 g Eiweiß

1 Den Tofu würfeln und mit der Sojasoße übergießen. Für eine halbe Stunde marinieren lassen.

2 Dann den Tofu abtropfen lassen und mit drei Esslöffeln Speisestärke bestäuben. Etwas Öl in einer Pfanne erhitzen und darin den Tofu knusprig anbraten. Dann aus der Pfanne nehmen.

3 Die Ananasstücke abgießen, den Saft aber auffangen. Frühlingszwiebeln in Ringe schneiden und zusammen mit der Ananas in der Pfanne für ein paar Minuten andünsten lassen.

4 Währenddessen den Knoblauch und den Ingwer fein hacken und mit der restlichen Sojasoße, dem Apfelessig und vier Esslöffeln des Ananassaftes vermischen. Damit die Ananasstücke und Frühlingszwiebeln in der Pfanne ablöschen.

5 Die restliche Speisestärke mit dem kalten Wasser verrühren und in die Pfanne geben. Unter stetigem Rühren aufkochen lassen, damit die Soße eindickt.

6 Zum Schluss die Cashews darüber verstreuen und den Tofu unterheben.

CURRY-GRÜNKOHL

2 Port. 10 Min. Leicht

Zutaten

5 Kartoffeln
300 g Grünkohl
1 Zwiebel
2 EL Currypulver
1 EL Gemüsebrühepulver
1 TL Zimt
Öl zum Braten
Wasser

Nährwerte p. P.

263 kcal
49 g Kohlenhydrate
2 g Fett
10 g Eiweiß

1 Die Zwiebel schälen, würfeln und in einer Pfanne in etwas Öl glasig andünsten lassen. Kartoffeln schälen, auch würfeln und mit in die Pfanne geben.

2 Mit so viel Wasser ablöschen, dass die Kartoffeln bedeckt sind. Den Grünkohl waschen und zerrupfen. Mit in die Pfanne geben.

3 Mit Zimt, Curry und Gemüsebrühepulver bestreuen. Für eine halbe Stunde kochen lassen. Zum Schluss noch einmal abschmecken.

LINSENNUDELN MIT KOKOS-TOMATENSOSSE

3 Port. 30 Min. Mittel

Zutaten

300 g Linsennudeln
1 Knoblauchzehe
1 Zwiebel
250 g Tomaten
1 Stück Ingwer (2 cm)
1 Dose Kokosmilch
150 ml Wasser
2 Gemüsebrühewürfel
Einige Kürbiskerne
Chiliflocken
Pfeffer
Salz
Olivenöl zum Braten

Nährwerte p. P.

341 kcal
32 g Kohlenhydrate
13 g Fett
31 g Eiweiß

1 Das Gemüse, wenn nötig, waschen, sonst schälen. Tomaten würfeln, Zwiebel fein würfeln und den Knoblauch pressen. Ingwer reiben.

2 Etwas Olivenöl in einer Pfanne erhitzen und Knoblauch, Zwiebelwürfel und Ingwer darin andünsten lassen. Mit der Kokosmilch und dem Wasser ablöschen.

3 Tomatenstücke mit in die Pfanne geben und die Gemüsebrühe unterrühren. Mit Pfeffer, Chiliflocken und Salz abschmecken. Köcheln lassen.

4 Währenddessen die Linsennudeln nach Packungsanleitung zubereiten. Nach der Kochzeit die Nudeln abgießen, abschrecken und zur Soße in die Pfanne geben.

5 In einer weiteren Pfanne ohne Öl die Kürbiskerne anrösten, über die Soße mit den Nudeln geben und servieren.

LINSENBOLOGNESE

4 Port. 45 Min. Leicht

Zutaten

150 g Belugalinsen
400 g Nudeln
150 g Möhren
80 g getrocknete Tomaten
1 Zwiebel
2 Knoblauchzehen
800 g gehackte Tomaten aus der Dose
2 EL Tomatenmark
2 EL Olivenöl
800 ml Wasser
1 Bund Basilikum
Salz, Pfeffer

Nährwerte p. P.

310 kcal
36 g Kohlenhydrate
13 g Fett
25 g Eiweiß

1 Die Karotten schälen und reiben. Getrocknete Tomaten in kleine Stücke schneiden. Zwiebel und Knoblauch in feine Würfel schneiden.

2 In einer Bratpfanne Knoblauch und Zwiebel andünsten. Dann das Tomatenmark und die getrockneten Tomaten dazugeben.

3 Die geriebenen Möhren dazugeben. Kurz mitbraten lassen, dann mit den gehackten Tomaten ablöschen und die Linsen unterrühren.

4 Das Wasser dazugeben und für eine halbe Stunde kochen lassen. Währenddessen die Nudeln nach Packungsanweisung zubereiten.

5 Wenn die Linsen gar sind, mit Basilikum, Pfeffer, Salz und Olivenöl abschmecken.

PASTA MIT MANGOLD-SOSSE

2 Port. | 20 Min. | Leicht

Zutaten

150 g Bandnudeln
100 g Belugalinsen
1 Mangold
1 Handvoll Rosenkohl
1 Spitzkohl
100 ml Sojasahne
100 ml Gemüsebrühe
1 TL Knoblauchpulver
1 TL Steinpilzsalz
Etwas Öl

Nährwerte p. P.

515 kcal
76 g Kohlenhydrate
7 g Fett
27 g Eiweiß

1 Belugalinsen am besten über Nacht einweichen lassen. Spitzkohl und Mangold fein schneiden. Den Rosenkohl raspeln. Belugalinsen für etwa 20 Minuten kochen lassen.

2 Die Nudeln nach Packungsanweisung zubereiten. Währenddessen Spitzkohl, Mangold und Rosenkohl in einer Pfanne in etwas Öl andünsten lassen.

3 Knoblauchpulver und Steinpilzsalz in die Pfanne geben und mitbraten lassen.

4 Alles mit Gemüsebrühe ablöschen und die Sahne unterrühren. Die Linsen mit in die Pfanne mischen. Mit den Nudeln servieren.

Snacks und Fingerfood

BLÄTTERTEIGHÄPPCHEN

6 Port. | 1 Std. 10 Min. | Mittel

Zutaten

4 Blätterteigplatten
200 g TK-Blattspinat
100 g Tellerlinsen
150 g Crème fraîche
150 g Streukäse
1 rote Zwiebel
30 g Speisestärke + 3 EL Wasser
½ TL Thymian
1 EL gehackte Petersilie
1 EL Oregano
1 TL Kurkuma
½ TL Kreuzkümmel
1 TL Paprikapulver
½ EL weiche Butter
Prise Muskat
2 TL Sesam
Salz, Pfeffer

Nährwerte p. P.

523 kcal
41 g Kohlenhydrate
32 g Fett
15 g Eiweiß

1 Die Linsen für zehn Minuten in dreifacher Menge Wasser kochen.

2 Den Ofen währenddessen auf 200 Grad Ober-/Unterhitze vorheizen.

3 Die Zwiebel in feine Würfel schneiden und in einem Topf mit etwas Öl glasig andünsten.

4 Den Spinat mit etwas Wasser in den Topf geben und bei geschlossenem Deckel den Spinat bei geringer Hitze auftauen lassen. Ist der Spinat aufgetaut, nehmen Sie den Topf vom Herd.

5 In einer Schüssel die Crème fraîche mit den Gewürzen und Kräutern vermengen und mit Pfeffer und Salz abschmecken. Linsen und Spinat zu der Crème fraîche geben.

6 Die Stärke mit dem Wasser verrühren und zu der Linsen-Spinat-Masse geben. Dann den Käse unterrühren.

7 Eine Auflaufform mit Backpapier auslegen und die ersten beiden Platten Blätterteig für den Boden zurechtschneiden.

8 Die Füllung auf dem Blätterteig verteilen und mit den übrigen Blätterteigplatten bedecken.

9 Butter auf dem Blätterteig verteilen und mit dem Sesam bestreuen. Für 35 Minuten backen lassen.

BÖREK-RÖLLCHEN MIT HIRSEFÜLLUNG

6 Port. | 1 Std. | Mittel

Zutaten

9 Blätter Filoteig
150 g ungekochte Hirse
70 g Cashewkerne
100 ml Wasser
½ TL Vanille
1–2 EL Kokosblütenzucker
100 g Sojajoghurt
Abrieb einer Zitrone
Kardamom
Vanille
Haselnussmus zum Bestreichen
Pistazien zum Bestreuen

Nährwerte p. P.

215 kcal
62 g Kohlenhydrate
25 g Fett
9 g Eiweiß

1 Die Hirse waschen und nach Packungsanleitung zubereiten. Währenddessen die Cashewkerne in etwa 100 ml Wasser einweichen.

2 Ein Backblech mit Backpapier auslegen.

3 Sojajoghurt mit Zitronenabrieb vermischen und mit Kardamom und Vanille abschmecken.

4 Die fertige Hirse mit dem Zucker und einem halben Teelöffel Vanille verrühren. Cashewkerne mit dem Wasser pürieren. Auch zu der Hirse geben.

5 Den Backofen auf 180 Grad Ober-/Unterhitze vorheizen.

6 Die Filoteigblätter ausbreiten und mit der Joghurtmasse bestreichen. Dann Ecke auf Ecke falten.

7 Hirsemasse auf dem zusammengefalteten Teig verteilen und ihn zur Hälfte einrollen. Dann die offenen Enden nach innen klappen. Bis zur Spitze aufrollen und die Röllchen auf das Backblech legen.

8 Für etwa eine halbe Stunde backen. Dann mit Nussmus bestreichen und mit Pistazien bestreuen.

HIRSE-HAFERBÄLLCHEN

6 Port. | 1 Std. | Leicht

Zutaten

200 g gekochte Hirse
170 g Datteln
300 g Haferflocken
Kokosflocken
1 Zitrone

Nährwerte p. P.

153 kcal
23 g Kohlenhydrate
15 g Fett
4 g Eiweiß

1 Die Haferflocken im Mixer zu Staub pürieren. Dann die Hirse dazugeben und zu einer cremigen Konsistenz vermixen.

2 Die Zitrone abreiben und zu der Masse geben. Eine Zitronenhälfte ausdrücken und den Saft ebenfalls zu der Masse geben. Wieder vermixen.

3 Datteln, wenn nötig, noch entsteinen und ebenfalls mit der Masse vermixen. Kokosflocken in eine Schüssel geben und die Hände anfeuchten.

4 Aus der Masse mit den Händen Kugeln formen und diese in den Kokosflocken rollen.

5 Bällchen in den Kühlschrank legen und für ein paar Stunden durchkühlen lassen.

BLUMENKOHL-BUFFALO-WINGS

3 Port. 50 Min. Leicht

Zutaten

1 Blumenkohl
200 ml Pflanzenmilch
150 g Dinkelvollkornmehl
2 EL Sonnenblumenöl
1 TL Salz
1 TL Paprikapulver
Pfeffer

Nährwerte p. P.

113 kcal
15 g Kohlenhydrate
9 g Fett
12 g Eiweiß

1 Den Blumenkohl in mundgerechte, kleine Röschen teilen. Ein Backblech mit Backpapier auslegen.

2 Die trockenen Zutaten miteinander vermischen und mit der Milch und dem Öl verrühren.

3 Den Ofen auf 230 Grad Ober-/Unterhitze vorheizen.

4 Die Blumenkohlröschen in der Panade wenden und auf dem Backblech verteilen. Für etwa eine halbe Stunde backen lassen.

ROHKOST-TÖRTCHEN

4 Port. | 20 Min. | Leicht

Zutaten

150 g Paranusskerne
40 g Mandeln
190 g Datteln
485 g Cashewkerne
100 g Himbeeren
14 EL Kokosöl
9 EL Dattelsirup

Nährwerte p. P.

250 kcal
16 g Kohlenhydrate
30 g Fett
16 g Eiweiß

1 Die Cashewkerne für mindestens eine Stunde einweichen lassen. Währenddessen 12 Papierförmchen in eine Muffinform geben.

2 Das Kokosöl warm werden lassen, damit es sich verflüssigt. Mandeln, Paranusskerne, Datteln und fünf Esslöffel Kokosöl miteinander vermixen und pürieren.

3 Die Masse in die Muffinförmchen füllen. Für eine Stunde ins Gefrierfach stellen.

4 Nun 450 g Cashewkerne mit fünf Esslöffeln Dattelsirup und zwei Esslöffeln Kokosöl pürieren. Auf die erste Schicht geben und wieder ins Gefrierfach stellen.

5 Zuletzt die Himbeeren mit dem restlichen Kokosöl, den restlichen Cashewkernen und dem restlichen Dattelsirup pürieren. Auf die Muffins geben und eine Stunde im Gefrierfach lassen.

APRIKOSEN-ENERGIEBÄLLCHEN

4 Port. | 15 Min. | Leicht

Zutaten

150 g Amaranth, gepoppt
100 g getrocknete Aprikosen
50 g Pinienkerne
40 g weiße Schokolade
20 g Sesam
1 TL frisch gepresster Zitronensaft
¼ Abrieb einer Zitrone
½ TL Zimt
2 EL Kokosraspel

Nährwerte p. P.

250 kcal
16 g Kohlenhydrate
30 g Fett
16 g Eiweiß

1 Den Sesam ohne Fett in einer Pfanne rösten lassen, bis er zu riechen beginnt. Auch die Pinienkerne anrösten.

2 Pinienkerne und Aprikosen fein zerhacken. Die Schokolade schmelzen lassen.

3 Pinienkerne, Amaranth, Aprikosen, Sesam, Zimt, Zitronenschale, Zitronensaft und die geschmolzene Schokolade miteinander vermengen.

4 Mit den Händen 12 Bällchen formen und in Kokosraspeln wälzen. Im Kühlschrank auskühlen lassen.

Desserts

BUCHWEIZEN-TAHINI-KEKSE

3 Port. | 25 Min. | Leicht

Zutaten

100 g Dinkel-Vollkornmehl
100 g Buchweizenmehl
70 g Kokosblütenzucker
1 TL Backpulver
1 Ei
½ TL gemahlene Vanille
2 EL Ahornsirup
4 EL Tahin
100 ml Hafermilch
70 g Schokodrops

Nährwerte p. P.

603 kcal
94 g Kohlenhydrate
18 g Fett
13 g Eiweiß

1 Den Ofen auf 180 Grad Ober-/Unterhitze vorheizen und ein Backblech mit Backpapier auslegen.

2 In einer Schüssel alle trockenen Zutaten miteinander vermengen. Dann Tahin, Ahornsirup, Hafermilch und das Ei unterrühren. Zuletzt die Schokodrops vorsichtig unterheben und den Teig portionsweise auf dem Backblech verteilen.

3 Auf der mittleren Schiene für 12 bis 15 Minuten backen lassen.

MOHNKUCHEN

12 Port. | 50 Min. | Leicht

Zutaten

150 g Mohn
100 g Zucker
100 g gemahlene Haselnüsse
1 Packung Vanillepuddingpulver
2 EL Milch
160 g Butter (zimmerwarm)
5 Eier
1 EL Rum
1 Prise Salz
1 EL Puderzucker

Nährwerte p. P.

293 kcal
14 g Kohlenhydrate
24 g Fett
7 g Eiweiß

1 Den Mohn mahlen. Ofen auf 175 Grad Ober-/Unterhitze vorheizen.

2 Die Butter weich rühren und Mohn, Zucker, Milch, Haselnüsse, Rum, Eigelb, Salz und Puddingpulver hinzugeben. Das Eiweiß steif schlagen und vorsichtig unter die Masse heben.

3 Eine Springform einfetten und den Teig einfüllen. Den Kuchen in den Ofen schieben und für eine halbe Stunde backen lassen.

4 Nach dem Backen abkühlen lassen und mit dem Puderzucker garnieren.

ERDNUSSBUTTER-KICHERERBSEN-BLONDIES

9 Port. 35 Min. Leicht

Zutaten

100 g Haferflocken
2 Gläser Kichererbsen
2 EL gemahlene Leinsamen, vermischt mit 6 EL Wasser
½ TL gemahlene Vanille
1 TL Backpulver
7 EL Ahornsirup
3 EL Erdnussmus
50 g Schokodrops

Nährwerte p. P.

145 kcal
21 g Kohlenhydrate
5 g Fett
3 g Eiweiß

1 Den Ofen auf 180 Grad Ober-/Unterhitze vorheizen und eine rechteckige Backform mit Backpapier auslegen.

2 Die Haferflocken in einer Küchenmaschine fein mahlen. Außer den Schokodrops alle Zutaten zu den Haferflocken geben und zu einem geschmeidigen Teig verrühren.

3 Den Teig in die Backform füllen und die Schokodrops darauf verteilen. Im Ofen für 20 bis 25 Minuten backen lassen.

HIRSEBREI MIT KOKOSMILCH

2 Port. 25 Min. Leicht

Zutaten

100 ml Kokosmilch
100 g Hirse
4 EL Walnüsse
2 Msp. Vanille
1 EL brauner Zucker
100 ml Wasser

Nährwerte p. P.

376 kcal
44 g Kohlenhydrate
19 g Fett
7 g Eiweiß

1 Die Hirse mit dem Wasser und der Kokosmilch zum Kochen bringen und für fünf Minuten köcheln lassen. Dann Vanille und Zucker hinzufügen.

2 Hitze verringern und für zehn Minuten garen lassen. Währenddessen die Walnüsse zerhacken.

3 Den fertigen Hirsebrei abkühlen lassen und in Gläser füllen.

ENERGIEKUGELN

3 Port. 25 Min. Leicht

Zutaten

50 g Walnüsse
50 g Kürbiskerne
100 g Datteln
½ TL Zimt
1 EL Rohkakao

Nährwerte p. P.

317 kcal
24 g Kohlenhydrate
19 g Fett
10 g Eiweiß

1 Walnüsse und Kürbiskerne zermahlen. Datteln und die anderen Zutaten hinzugeben und zu einer gleichmäßigen Masse verarbeiten.

2 Mit feuchten Händen Kugeln aus der Masse formen und im Kühlschrank durchkühlen lassen.

MANDEL-BLONDIES

16 Port. 35 Min. Leicht

Zutaten

250 g Mandelmehl
100 g Kokosblütenzucker
60 g getrocknete Datteln
2 EL Chiasamen
1 TL Vanilleextrakt
½ TL Backpulver
150 ml Mandelmilch
4 EL Zuckerrübensirup
1 EL Zitronensaft
2 Prisen Salz
4 EL Schokotropfen
Etwas Muskatnuss

Nährwerte p. P.

141 kcal
9 g Kohlenhydrate
9 g Fett
4 g Eiweiß

1 Den Backofen auf 160 Grad Ober-/Unterhitze vorheizen. Eine rechteckige Backform mit Backpapier auslegen.

2 Die Chiasamen mahlen und den Zitronensaft auspressen. Chiasamen, Datteln, Zitronensaft, Zuckerrübensirup, Mandelmilch und Vanilleextrakt verrühren und pürieren.

3 Muskat, Salz und Backpulver unter die Menge geben. Kokosblütenzucker und Mehl zugeben und zu einem glatten Teig verarbeiten.

4 Den Teig in die Backform füllen und die Schokotropfen darüber verteilen. Für 20 Minuten backen.

BANANENBROT

20 Port. 55 Min. Mittel

Zutaten

250 g Haferflocken
1 Packung Backpulver
3 Bananen
50 g Walnüsse
125 ml Wasser
6 getrocknete Datteln
Zimt

Nährwerte p. P.

77 kcal
11 g Kohlenhydrate
3 g Fett
2 g Eiweiß

1 Den Ofen auf 220 Grad Ober-/Unterhitze vorheizen.

2 Die Datteln in eine Schüssel geben und mit Wasser übergießen und ziehen lassen, damit sie weich werden. Die Walnüsse hacken.

3 Währenddessen die Haferflocken zermahlen. Bananen schälen und mit einer Gabel zu einem Mus zerdrücken. Bananen und Datteln miteinander pürieren.

4 Haferflocken, Backpulver und eine Prise Salz vermengen und zu dem Brei mischen. Zu einem Teig verkneten. Gehackte Walnüsse und etwas Zimt dazugeben.

5 Backpapier in eine Auflaufform legen und den Teig hineinfüllen. Für etwa eine halbe Stunde backen lassen. Abkühlen lassen und dann aus der Form stürzen.

Getränke

SCHOKO-DATTEL-DRINK

2 Port. | 5 Min. | Leicht

Zutaten

500 ml Pflanzenmilch
2 Datteln
2 TL Kakaopulver
1 Prise Kardamom
1 Prise Zimt
1 Prise gemahlene Vanille

Nährwerte p. P.

198 kcal
22 g Kohlenhydrate
4 g Fett
11 g Eiweiß

1 Die Datteln, wenn nötig, entkernen und mit einem Schuss Pflanzenmilch mit einem Pürierstab zerkleinern.

2 Alle anderen Zutaten hinzugeben und so lange pürieren, bis eine gleichmäßige Masse entsteht.

BLAUBEER-SMOOTHI

2 Port. 5 Min. Leicht

Zutaten

200 g TK-Blaubeeren
1 Banane
120 ml Sojamilch
120 g Vanille-Soja-joghurt
1 EL Agavendicksaft

Nährwerte p. P.

177 kcal
36 g Kohlenhydrate
3 g Fett
5 g Eiweiß

1 Alle Zutaten in einen Mixer geben und zu einer gleichmäßigen Masse vermixen.

2 Bei Bedarf noch mit mehr Agavendicksaft abschmecken.

SPINAT-SMOOTHIE

2 Port. | 5 Min. | Leicht

Zutaten

80 g Spinat
1 Banane
3–5 gepresste Orangen
1 Kiwi
½ Gurke
8 Minzblätter

Nährwerte p. P.

251 kcal
46 g Kohlenhydrate
2 g Fett
6 g Eiweiß

1 Alle Zutaten zusammen in den Mixer geben und zu einer gleichmäßigen Masse mixen.

2 In zwei Gläser verteilen.

PINK LATTE

1 Port. 10 Min. Leicht

Zutaten

50 ml Rote-Bete-Saft
200 ml Sojamilch
1 TL Ahornsirup
1 Schuss Orangensaft
1 Prise Zimt
1 Prise Vanille

Nährwerte p. P.

120 kcal
13 g Kohlenhydrate
4 g Fett
7 g Eiweiß

1 Die Sojamilch mit der Vanille, dem Ahornsirup und dem Zimt in einem Topf erhitzen.

2 Orangensaft und Rote-Bete-Saft währenddessen miteinander vermischen.

3 Milch aufschäumen und in ein Glas geben. Den Rote-Bete-Orangensaft vorsichtig in die heiße Milch gießen.

BROMBEER-PFIRSICH-SAFT

1 Port. | 5 Min. | Leicht

Zutaten

200 g Pfirsich
200 g Brombeeren
100 ml Mineralwasser

Nährwerte p. P.

187 kcal
32 g Kohlenhydrate
1 g Fett
3 g Eiweiß

1 Pfirsich waschen, entkernen und vierteln. Brombeeren waschen.

2 Den Pfirsich würfeln und mit den Beeren in einen Mixer geben. Fein pürieren.

3 Das Püree in ein Glas geben und mit dem Mineralwasser auffüllen.

ROTE-BETE-SAFT

1 Port. | 5 Min. | Leicht

Zutaten

200 g Möhren
200 g Rote Bete
1 EL Zucker
1 TL Rapsöl
Eiswürfel

Nährwerte p. P.

129 kcal
23 g Kohlenhydrate
2 g Fett
3 g Eiweiß

1 Die Rote Bete putzen und schälen. In Stücke schneiden.

2 Möhren schälen und vierteln. Möhren und Rote Bete entsaften.

3 Den Saft in ein Glas füllen und Eiswürfel, Öl und Zucker hinzufügen.

ROTE-BETE-ORANGEN-PFIRSICH-SAFT

2 Port. 15 Min. Leicht

Zutaten

2 Orangen
200 g Äpfel
2 Pfirsiche
170 g Rote Bete
2 Tropfen Leinöl

Nährwerte p. P.

120 kcal
13 g Kohlenhydrate
4 g Fett
7 g Eiweiß

1 Die Rote Bete waschen, schälen und halbieren. Äpfel waschen, vierteln und vom Kerngehäuse entfernen. Pfirsiche halbieren und entkernen. Orangen schälen und halbieren.

2 Die Früchte und die Rote Bete entsaften. Säfte miteinander verrühren und das Öl dazugeben.

Cremes, Soßen & Dips

WEISSE-BOHNEN-DIP

2 Port. 10 Min. Leicht

Zutaten

240 g weiße Bohnen aus der Dose
25 g grünes Pesto
2 Knoblauchzehen
1 EL Tahin
30 ml Olivenöl
½ Limette (Saft)
Salz, Pfeffer
1 Eiswürfel

Nährwerte p. P.

367 kcal
19 g Kohlenhydrate
25 g Fett
13 g Eiweiß

1 Die weißen Bohnen abgießen und abspülen. Den Knoblauch schälen.

2 Alle Zutaten in einen Mixer geben und pürieren, bis eine gleichmäßige Masse entstanden ist.

ROTE-BETE-JOGHURT-DIP

4 Port. | 10 Min. | Leicht

Zutaten

1 eingelegte Rote Bete
500 g Sojajoghurt
1 TL Zucker
1 TL Chilipulver
1 TL Kreuzkümmel
1 TL Salz

Nährwerte p. P.

71 kcal
5 g Kohlenhydrate
3 g Fett
6 g Eiweiß

1 Rote Bete fein reiben. Joghurt in einer Schüssel cremig rühren. Chilipulver und Kreuzkümmel dazugeben und gut verrühren.

2 Die Rote Bete mit in den Joghurt geben und vermischen. Mit Zucker und Salz würzen und abschmecken.

EIER-DIP

2 Port. 15 Min. Leicht

Zutaten

100 g saure Sahne
2 Eier
2 EL Senf
½ Bund frische Kräuter nach Wahl
Salz, Pfeffer

Nährwerte p. P.

220 kcal
7 g Kohlenhydrate
25 g Fett
20 g Eiweiß

1 Die Eier für acht Minuten hart kochen lassen. Abschrecken und dann pellen. Ein Ei halbieren und eine der Hälften in Würfel schneiden.

2 Kräuter waschen und trocknen. Die übrigen Eier und die Kräuter mit einem Mixer pürieren.

3 Die Creme und die Eierwürfel mit der sauren Sahne verrühren. Mit Senf, Pfeffer und Salz abschmecken.

SALBEI-KIDNEYBOHNEN-DIP

4 Port. | 10 Min. | Leicht

Zutaten

1 Glas Kidneybohnen
1 EL Tahin
1 Handvoll Salbeiblätter
½ Zitrone (Saft)
1 TL Kreuzkümmel
⅓ TL Salz

Nährwerte p. P.

89 kcal
11 g Kohlenhydrate
3 g Fett
5 g Eiweiß

1 Kidneybohnen in ein Sieb geben und abspülen.

2 Alle Zutaten in einen Mixer geben und zu einer gleichmäßigen Masse pürieren.

HUMMUS

4 Port. 15 Min. Mittel

Zutaten

260 g Kichererbsen aus dem Glas
1 Zitrone
5 EL Olivenöl
120 g Tahin
2 Prisen Paprikapulver
Kreuzkümmel
Salz, Pfeffer

Nährwerte p. P.

351 kcal
18 g Kohlenhydrate
26 g Fett
10 g Eiweiß

1 Die Kichererbsen abtropfen lassen. Zitrone auspressen und den Saft mit Olivenöl und Tahin pürieren.

2 Kichererbsen hinzugeben und zu einer glatten Masse pürieren.

3 Hummus mit Kreuzkümmel, Pfeffer und Salz abschmecken. Mit Paprikagewürz garnieren.

TOMATEN-DIP

4 Port. | 15 Min. | Mittel

Zutaten

140 g Sonnenblumenkerne
150 g Tomaten in Öl
2 EL Agavendicksaft
4 EL Zitronensaft
2 EL Olivenöl
2 EL Wasser
Salz, Pfeffer

Nährwerte p. P.

281 kcal
15 g Kohlenhydrate
20 g Fett
10 g Eiweiß

1 Die getrockneten Tomaten in Öl in einen hohen Behälter geben und mit den Sonnenblumenkernen, dem Zitronensaft, dem Wasser und dem Olivenöl grob pürieren.

2 Mit Agavendicksaft, Pfeffer und Salz abschmecken.

PFLAUMEN-HEIDELBEER-SOSSE

4 Port. 10 Min. Leicht

Zutaten

250 g TK-Blaubeeren
8 Backpflaumen
100 g Zucker
100 ml Marsala
1 Msp. Vanillemark
1 Msp. Zimt

Nährwerte p. P.

349 kcal
79 g Kohlenhydrate
1 g Fett
2 g Eiweiß

1 Die Blaubeeren mit Marsala, Zucker, Vanillemark und Zimt aufkochen lassen.

2 Trockenpflaumen hinzufügen und alles pürieren.

KÄSE-WIRSING-SOSSE

4 Port. | 25 Min. | Leicht

Zutaten

600 g Wirsing
1 Stange Lauch
100 g Kräuterfrischkäse
250 ml Milch
1 Bund Petersilie
1 EL Rapsöl
200 ml Wasser
Koriander (gemahlen)
Salz, Pfeffer

Nährwerte p. P.

323 kcal
24 g Kohlenhydrate
18 g Fett
12 g Eiweiß

1 Den Wirsing waschen und trocknen. Blätter in feine Streifen schneiden. Den Lauch gründlich waschen, längs halbieren und in Ringe schneiden.

2 Das Rapsöl in einer Pfanne erhitzen und Lauch und Wirsing darin anbraten. Mit Wasser ablöschen und mit Pfeffer und Salz abschmecken. Für eine Viertelstunde schmoren lassen.

3 Frischkäse und Milch mit in die Pfanne geben und alles verrühren. Die Masse pürieren und mit Koriander und Pfeffer abschmecken.

4 Petersilie waschen, zerhacken und unter die Soße heben.

PILZSOSSE

2 Port. 30 Min. Mittel

Zutaten

250 g Champignons
1 Knoblauchzehe
1 Zwiebel
2 EL Mehl
100 ml Milch
200 ml Rinderfond
1 EL Öl
Salz, Pfeffer

Nährwerte p. P.

316 kcal
17 g Kohlenhydrate
15 g Fett
7 g Eiweiß

1 Champignons in Scheiben schneiden. Zwiebel schälen und in Ringe schneiden. Knoblauch schälen und zerhacken.

2 Zwiebelringe, Knoblauch und Champignons in einer Pfanne mit dem Öl erhitzen und dann mit dem Mehl bestäuben. Mit Milch und Rinderfond ablöschen. So lange köcheln lassen, bis die Soße andickt. Mit Pfeffer und Salz abschmecken.

Bonus: Eisenmangel mit Ayurveda beheben

Für die Schulmedizin sind Leistungssportler, Senioren, schwangere und stillende Mütter oder Kinder und Jugendliche im Wachstum vor allem von Eisenmangel betroffen. Aus der ayurvedischen Sicht ist vor allem die hektische Lebensweise in unserer Gesellschaft schuld an dem Eisenmangel. In unserem Alltag ist das Nervensystem stark gefordert, wodurch die Dosha-Typen Pitta und Vata aus dem Gleichgewicht geraten. Dadurch kommt es zu einer ungenügenden Verstoffwechselung des Eisens.

Vata ist zuständig für die Elemente Raum und Luft, was dem Nervensystem und der Atmung zugeordnet wird. Das Feuerelement Pitta ist zuständig für die Verdauung. Stehen diese Doshas im Einklang, fühlen wir uns wach und zufrieden – wir sind voller Energie. Kommt dieser Einklang durcheinander, fühlen wir uns müde, können uns nicht konzentrieren und sind antriebsschwach.

Eine Ayurveda-Kur gegen den Eisenmangel hat einen ganzheitlichen Ansatz. Sie stützt sich auf drei Pfeiler: Kräutertherapie, Ernährung und Lifestyle. Eine Ernährungsumstellung bedeutet nach Ayurveda nicht, dass Sie vor allem eisenhaltige Lebensmittel zu sich nehmen. Es geht vielmehr darum, die Ernährung so anzupassen, dass sich ihre Enzymatik im Magen verbessert. Beginnen Sie Ihren Tag am besten mit einem Frühstück, das bitter, sauer, salzig, süß und scharf ist. Das regt die Magensäfte besonders an. Ein süßes Frühstück, wie Müsli, sollten Sie meiden.

Auch regelmäßige Bewegung trägt dazu bei, dass die Darmtätigkeit angeregt wird. Gleichzeitig wirkt die Bewegung gegen Stress. Auch Entspannungsübungen helfen, um dem Stress der heutigen Zeit entgegenzuwirken. So kommen die Doshas Pitta und Vata wieder ins Gleichgewicht.

Tipps gegen Eisenmangel

1. Achten Sie auf Ihre Ernährung

Wie Sie schon wissen, regen bitter, sauer, scharf und salzig die Magensäfte an. Diese sind wichtig, um Eisen richtig verwerten zu können. Ziegenkäse und Avocadocreme sind zum Beispiel gute Lebensmittel, die sich kombinieren lassen, oder eine scharfe Suppe.

2. Helfende Kräuter

Arbeiten Sie mit Thymian, Basilikum, Rosmarin, Salbei und Petersilie. Auch eisenhaltige Samen oder Kerne, wie Sonnenblumenkerne, Sesam, Leinsamen oder Pinienkerne, oder auch Nüsse, Mandeln und Pistazien sind sehr wertvoll.

3. Eisenhaltige Lebensmittel

Wenn sich die Produktion Ihrer Magensäfte wieder normalisiert hat, ist es durchaus sinnvoll, auf eine eisenhaltige Ernährung zu achten. Ihr Körper hat nun die Möglichkeit und Kraft, dieses auch aufzunehmen. Hülsenfrüchte oder auch Hirse, Hafer und Buchweizen gehören nun auf Ihren Speiseplan. Rotwein, Schwarztee und Kaffee wiederum hemmen die Aufnahme von Eisen, diese sollten Sie daher meiden.

4. Vitamin C unterstützt die Eisenaufnahme

Vor allem sollten Sie auf Lebensmittel achten, die viel Vitamin C enthalten. Dieses fördert die Eisenaufnahme aus pflanzlichen Lebensmitteln. Die Ayurveda-Medizin kombiniert verschiedene Zubereitungen aus Pflanzen, um die Aufnahme zu stärken. Zum Beispiel besitzt ein Konzentrat aus der indischen Stachelbeere viel Vitamin C und beruhigt das Pitta.

5. Rasayana ist auf die Doshas abgestimmt

Im Ayurveda ist die Nahrungsergänzung Rasayana ein beliebtes Hausmittel. Es ist auf die Dohas Pitta und Vata abgestimmt und in Verbindung mit Vitamin C trägt es zur besseren Eisenaufnahme bei. Das Rasayana ist eine alte indische Rezeptur, das aus Früchten, Mineralien und Kräutern angemischt wird, um das innere Gleichgewicht zu fördern. Nehmen Sie eine bis zwei Tabletten am Tag ein.

6. Den Gallensaft fördern

Der Gallensaft ist die eisenhaltigste Flüssigkeit unseres Körpers. Ist sie ausreichend vorhanden, trägt sie zur Bildung von Blut bei. Kurkuma, Artischocken oder auch Boldo-Blätter tragen zur Bildung von Gallensaft bei. Auch ein guter Nierenstoffwechsel ist wichtig. Er wird durch Liebstöckel, Löwenzahn und Wacholder gefördert.

7. Den Stress reduzieren

Spannungszuständen und Stress entgegenzuwirken, gehört zum ganzheitlichen Ansatz der Ayurveda-Therapie. Mit Yoga und autogenem Training können Sie sich selbst in eine Grundentspannung bringen. Auch eine Meditation kann Sie entspannen. Versuchen Sie, solche Aufgaben in Ihren Alltag zu integrieren.

8. Den Stoffwechsel ankurbeln

Tägliche Bewegungen wie Spaziergänge oder Radfahren kurbeln Ihren Stoffwechsel an. Überanstrengen Sie sich aber auf keinen Fall und hören Sie in sich hinein.

9. Durchatmen!

Auch Atemübungen, wie zum Beispiel die Wechselatmung (hier atmen Sie abwechselnd durch das linke und rechte Nasenloch), wirken Spannungen entgegen. So können Sie sich schnell in einen entspannteren Zustand bringen.